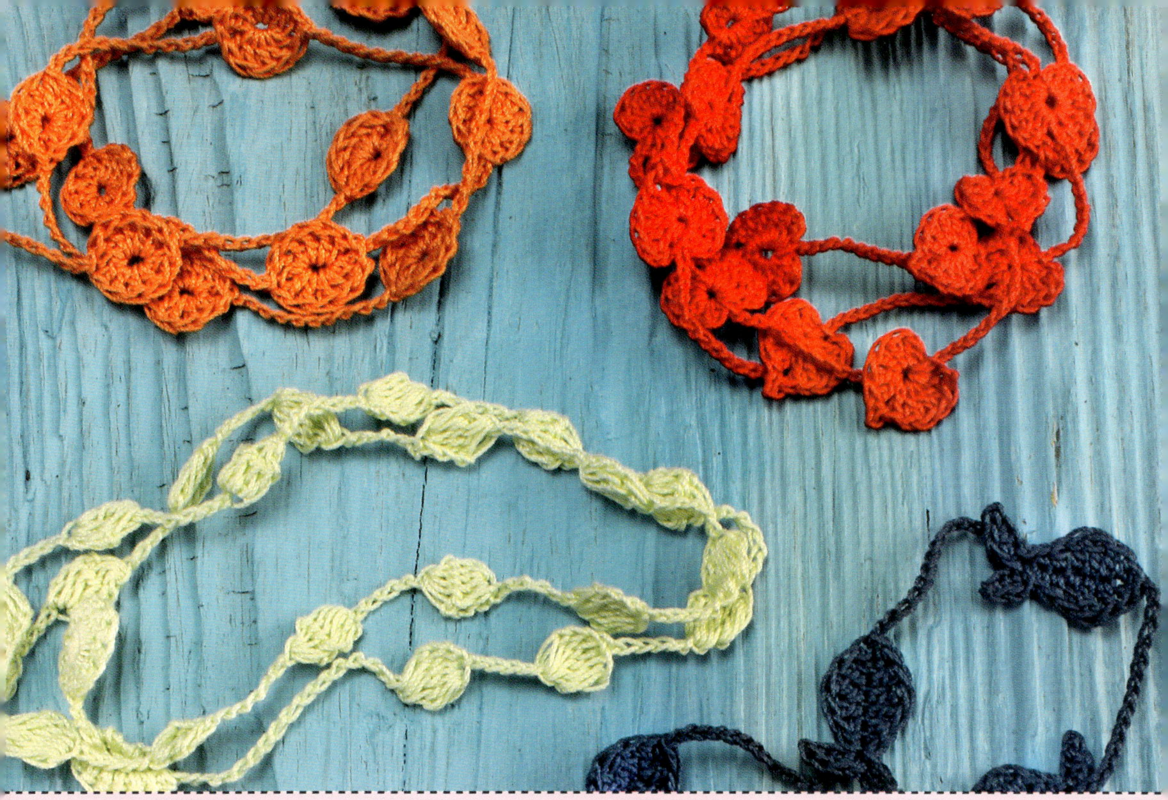

¡La creación de piezas de bisutería ofrece variadas posibilidades! Tantas como las labores de ganchillo. En este libro he combinado ambas pasiones.

Piezas de bisutería delicadas, pequeñas y grandes, trabajadas con hilo y combinadas con cuentas muy variadas dan como resultado un gran número de sorprendentes modelos que se adaptan a cada ocasión. Si surge el compromiso de una cena o bien si se ha quedado por la tarde para charlar con los amigos, siempre se encontrará el detalle adecuado.

Anillos, pulseras y collares que se combinan a la perfección. Así queda garantizado convertirse en el foco de todas las miradas.

Ensoñación en blanco y negro

Pulsera entrelazada y pendientes

TAMAÑO
Pulsera: 38 cm de largo aprox.
Pendientes: 8 cm de largo aprox.

MATERIALES
PULSERA

* Schachenmayr original Catania (125 m/50 g) en negro (c. 110), plata (c. 172) y blanco (c. 106), 50 g de cada una
* Anilla de metal plateada, de 1,8 cm ø
* 2 anillas flexibles plateadas, de 8 mm ø
* Cierre de mosquetón, de 2,5 cm de largo
* Casquete final plateado, de 1 cm ø
* Cuenta de metal plateado con orificio grande, de 1 cm ø
* Pegamento para bisutería
* Ganchillo, de 2,5 mm
* Aguja de coser

PENDIENTES

* Schachenmayr original Catania (125 m/50 g) en negro (c. 110), restos
* 6 cuentas de cristal con doble cono en c. negro AB, de 6 mm ø
* 6 pasadores plateados con remache, de 2 cm de largo
* Anillas flexibles plateadas, 2 de 5 mm ø y 2 de 7 mm ø
* 2 ganchos plateados para pendientes
* Cadena plateada, de 4 mm ø, 2 de 5,5 cm de largo
* Ganchillo, de 2,5 mm
* Aguja de coser

Pulsera

Para la primera tira, montar 220 p.a. en c. plata. Sobre esta cadeneta-p.a. tejer en c. negro 220 p.cad. Para la segunda tira, montar 220 p.a. en c. blanco y tejer 220 p.cad. en c. plata.

Terminación

Anudar los hilos. Colocar ambas tiras entrelazadas, enfilarlas por la anilla de metal plateada y cogerlas en doble. Enfilar la cuenta con orificio grande por los 4 extremos de las tiras e introducirlos directamente por debajo de la anilla de metal plateada. Impregnar los extremos de todas las tiras con un poco de pegamento para bisutería y pegarlos en el casquete final. Enganchar una anilla flexible en el casquete final; la otra anilla flexible se engancha junto con el cierre en la anilla de metal.

Pendientes

Trabajar un anillo de cadeneta (ver Cómo se hace), tejer 3 p.a. y 16 bas. en el anillo de cadeneta. Tirar del hilo final para cerrar el anillo. Cerrar la v. con 1 p.cad. en el 1.er bas. Volver a tejer otro anillo igual.

Terminación

Rematar todos los hilos. Introducir una cuenta en cada uno de los tres pasadores con remache y doblar el otro extremo del pasador para formar un anillo. Colgar los pasadores con remache provistos de cuentas en los 2 cm inferiores de la cadena. Pasar el otro extremo de la cadena por el centro de uno de los anillos tejidos y colgarlo directamente en la cadena por debajo del círculo, con una pequeña anilla flexible. Sujetar el gancho del pendiente al pendiente con las anillas flexibles de mayor tamaño. Trabajar igual el segundo pendiente.

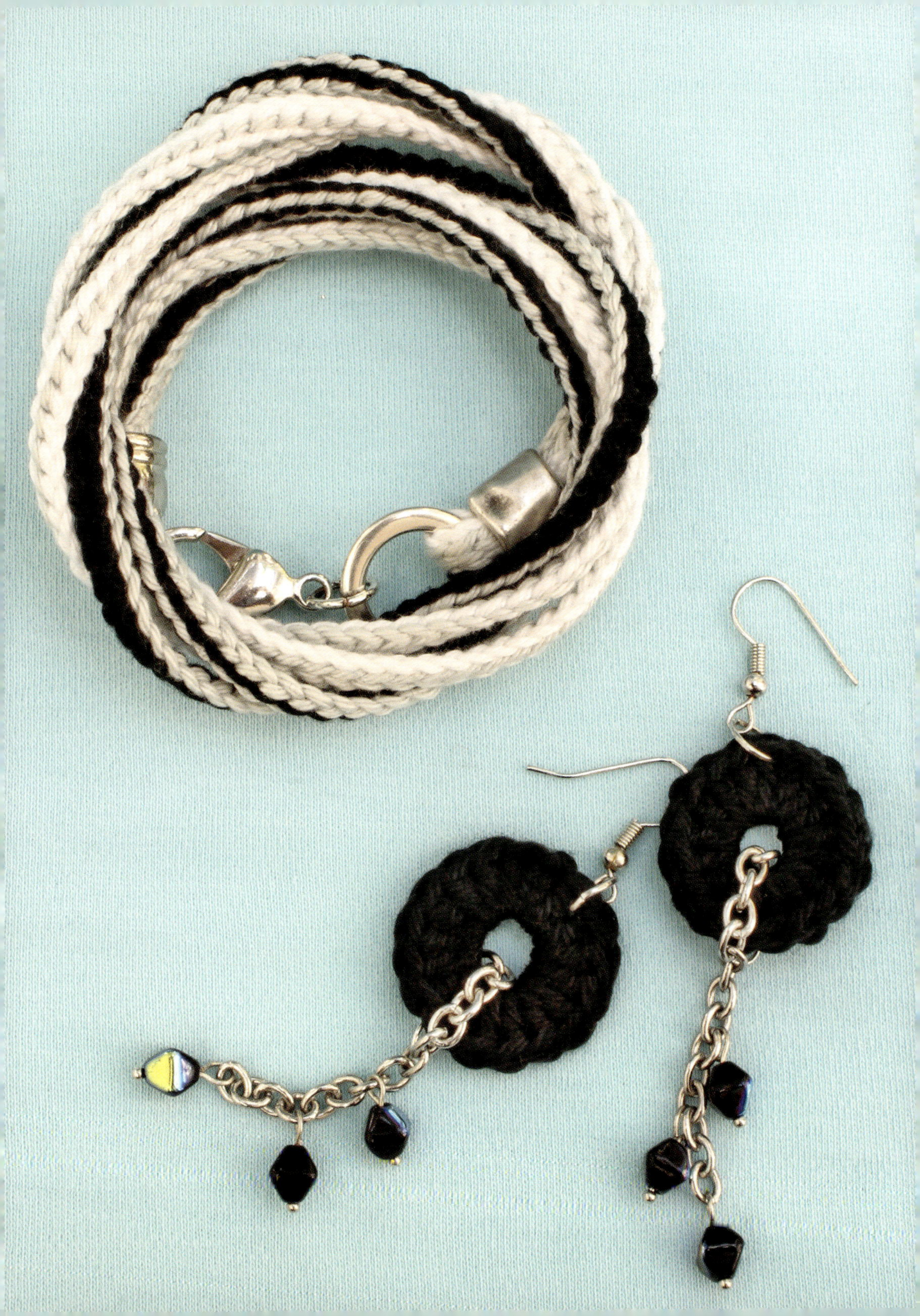

Una combinación jovial

Collar con flores en tonos pastel

TAMAÑO
1,1 m de largo aprox.

MATERIALES

- Schachenmayr original Catania (125 m/50 g) en topo (c. 254), crema (c. 130), saúco (c. 226), anís (c. 245) y naranja (c. 281), 50 g de cada una
- Cuentas de cristal con viso plateado, de 1,4 cm ø; 5 en c. topo, 5 en c. blanco y 4 en c. rosa
- 370 rocallas aprox. en c. gris, de 2,6 mm ø
- 8 cuentas de madera en c. natural, de 2 cm ø
- 4 chafas en c. bronce
- Alambre para bisutería, de 0,5 mm ø y 1 m de largo
- Cadena de metal en c. bronce, de 4 mm ø y 15 cm de largo
- Pegamento universal
- Ganchillo, de 2,5 mm
- Aguja de coser

Instrucciones

Tejer alrededor de 3 cuentas de madera en c. saúco y 2 cuentas de madera en c. topo de la sig. forma:
Tejer un anillo de cadeneta (ver Cómo se hace) y tejer 1 p.a.
1.ª v.: tejer 6 p.b. en el anillo de cadeneta. Seguir con p.b. en v. de espiral y pinchar cada vez en la presilla posterior del p.
2.ª v.: duplicar cada p. (= 12 p.b.).
3.ª v.: duplicar cada 3.er p. (= 16 p.b.).
4.ª v.: duplicar cada 4.º p. (= 20 p.b.).
5.ª+6.ª v.: tejer 20 p.b.
7.ª v.: tejer j. cada 3.er y 4.º p. (= 15 p.b.).
Introducir la cuenta de madera y seguir de la sig. forma:
8.ª v.: tejer j. cada 2.º y 3.er p. (= 10 p.b.).
9.ª v.: tejer j. cada 1.er y 2.º p. (= 5 p.b.).
Pasar el hilo; al rematar, coger el p. de la última v. y tirar juntos.

A continuación, trabajar 3 flores en c. naranja y 2 flores en c. crema de la sig. forma:
Montar 17 p.a. En el 4.º p.a. desde el ganchillo tejer 1 bas., 1 bas.d. y 1 bas. En los sig. 11 p.a. tejer cada vez 1 bas., 1 bas.d. y 1 bas. En el penúltimo p.a. tejer 1 bas. y 1 m.bas. En el último p.a. tejer 1 p.b. y 1 p.cad.
Enrollar la tira tejida para formar una flor y coserla por la parte de atrás.
Las cuentas con hojas de c. anís se tejen de la sig. forma:
Montar 8 p.a.
1.ª v.: en el 2.º p.a. desde el ganchillo tejer 1 p.b. En el resto de la cadeneta-p.a. tejer como sigue: 1 m.bas., 1 bas., 1 bas.d., 1 bas., 1 m.bas. y 1 p.b. Tejer 1 p.a. y por el otro lado de la cadeneta-p.a. tejer hacia atrás de la sig. forma: 1 p.b., 1 m.bas., 1 bas., 1 bas.d., 1 bas., 1 m.bas., y 1 p.b.
2.ª v.: 1 p.a., en los sig. 7 p. tejer cada vez 1 p.b., 3 p.b. bajo el p.a. de la v. ant. y cada vez 1 p.b. en los sig. 7 p., 1 p.cad. en el p.a. inicial. No cortar el hilo; la segunda hoja, algo más pequeña, se teje directamente junto a la 1.ª hoja.
Para ello, tejer 8 p.a. y esta cadeneta-p.a. tejerla tal como se ha descrito en la 1.ª v. Tejer 3x el par de hojas y pegarlas con pegamento universal sobre 3 cuentas de madera.

Terminación

Rematar todos los hilos. Unir el alambre de bisutería con un extremo de la cadena de metal. Para ello, enfilar 2 chafas por un extremo del alambre, enfilar el extremo del hilo a través de la última pieza de la cadena y llevarlo hacia atrás a través de ambas chafas. Fijar las chafas y luego enfilar alternando en el alambre las cuentas de cristal y los elementos tejidos. Para guardar las distancias, enfilar cada vez entre 8-15 rocallas aproximadamente. Por último, unir el alambre con el otro extremo de la cadena metálica tal como se ha descrito antes. Recortar el extremo de alambre sobrante.

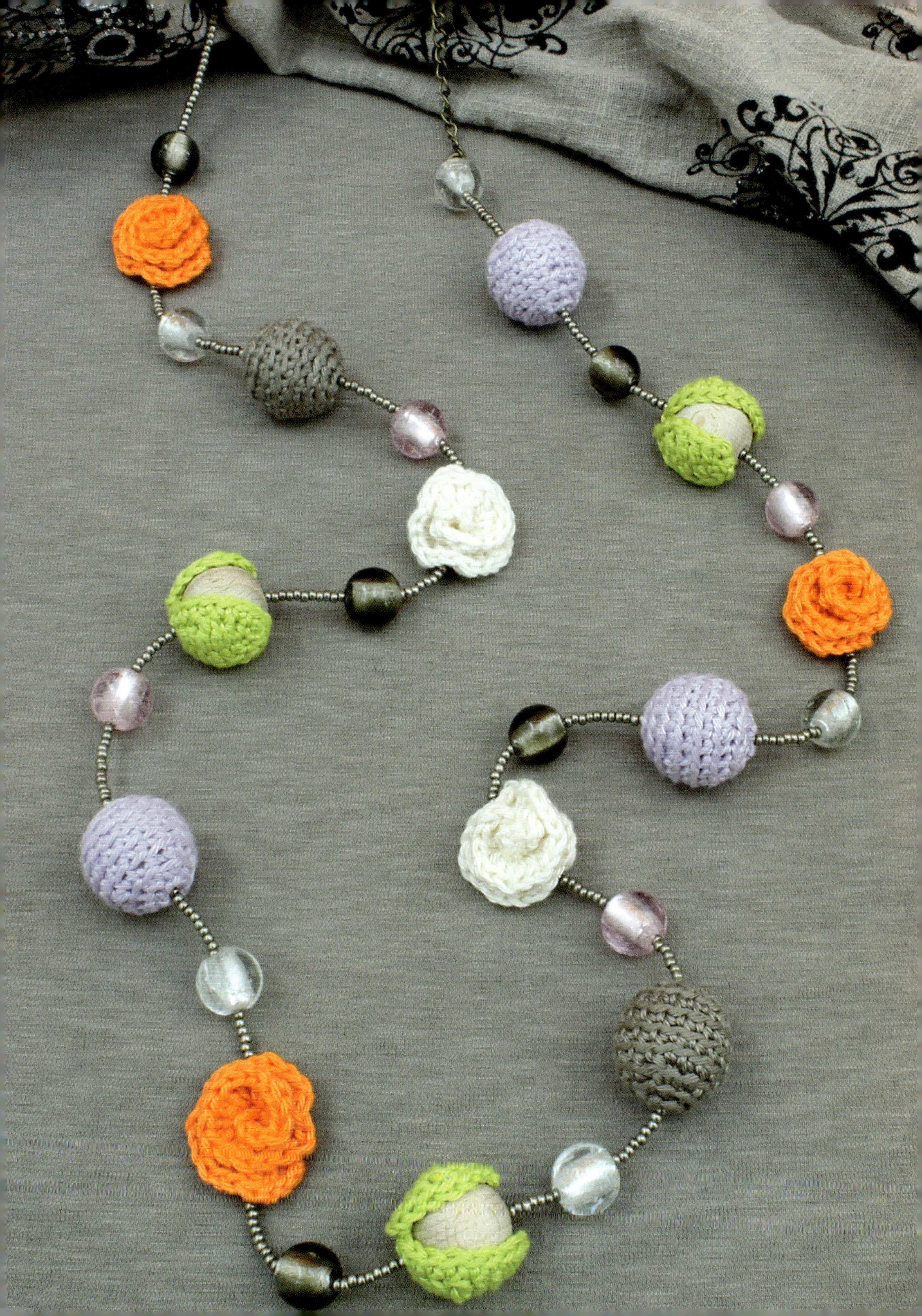

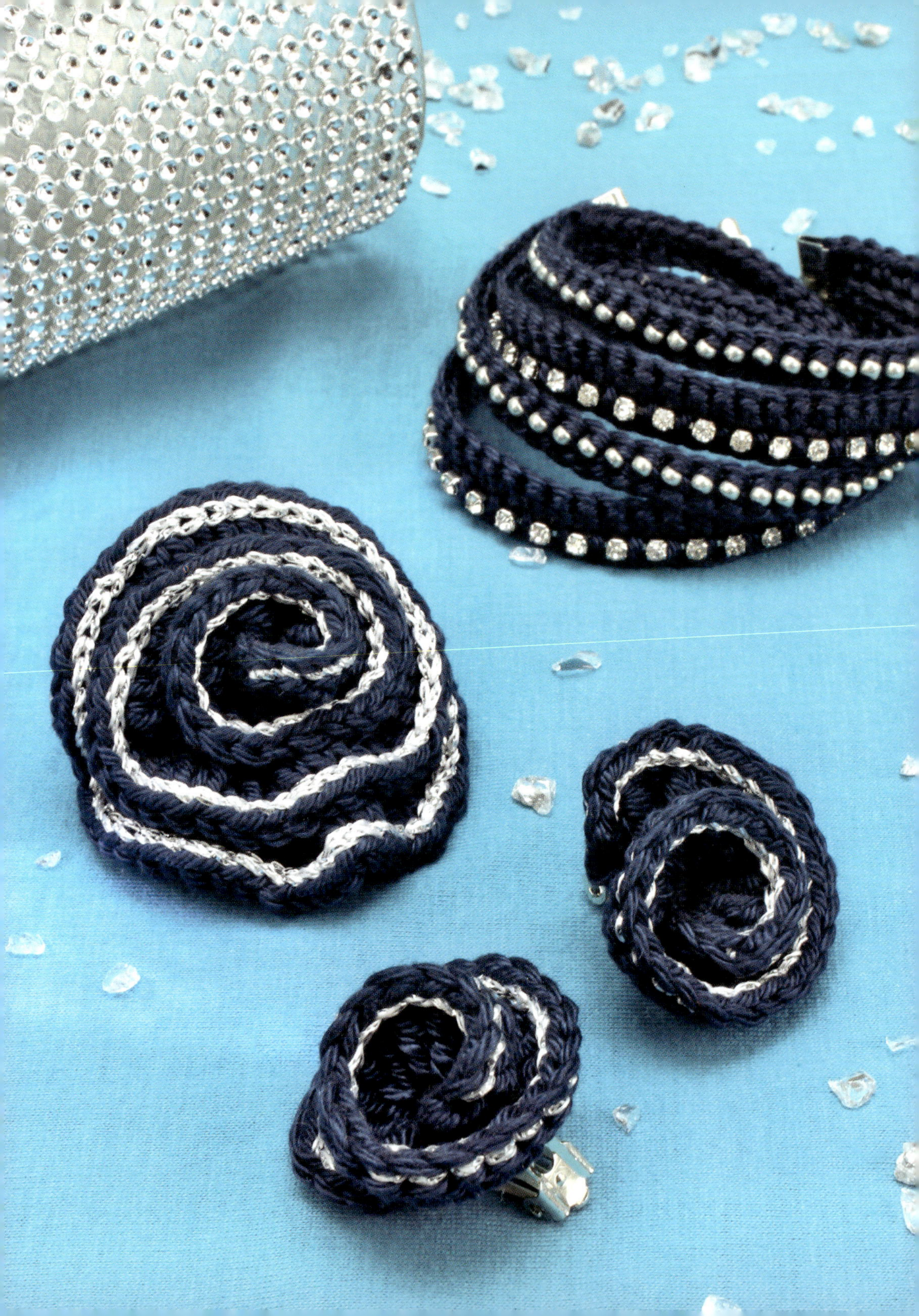

Brillo nocturno

Pendientes de clip, broche y pulsera

TAMAÑO

Pendientes: 3 cm ø aprox.
Broche: 5 cm ø aprox.
Pulsera: 34 cm de largo aprox.

MATERIALES PENDIENTES

* Schachenmayr original Catania (125 m/50 g) en azul marino (c. 124), 50 g
* Anchor Artiste Metallic-Sticktwist (100 m/25 g) en plata (c. 301), 50 g
* 2 clips plateados para pendientes con superficie para pegar, de 1,5 cm ø
* Pegamento para bisutería
* Ganchillo, de 2,5 mm
* Aguja de coser

BROCHE

* Schachenmayr original Catania (125 m/50 g) en azul marino (c. 124), restos
* Anchor Artiste Metallic-Sticktwist (100 m/25 g) en plata (c. 301), restos
* Imperdible, de 3,5 cm de largo
* Ganchillo, de 2,5 mm
* Aguja de coser

PULSERA

* Schachenmayr original Catania (125 m/50 g) en azul marino (c. 124), restos
* 93 rocallas Metallic en platino, de 2,6 mm ø
* Cadena de strass, de 2,5 mm ø y 32 cm de largo
* Cierre de sujeción plateado, de 1,6 cm de ancho
* Ganchillo, de 2,5 mm
* Aguja de coser

Pendientes

Montar 13 p.a. en c. azul marino.
1.ª pas.: en el 2.º p.a. desde el ganchillo tejer 1 m.bas., 1 bas. y 1 bas.d. En los 10 p.a. sig. tejer cada vez 3 bas.d.
En el último p.a. tejer 1 bas.d., 1 bas. y 1 m.bas. (= 36 p.).
2.ª pas.: en la parte delantera tejer 36 p.cad. con Metallic-Sticktwist.
Tejer esta tira 2x.

Terminación

Enrollar la tira tejida para formar una flor y coserla por la parte de atrás. Pegar la flor en un clip. Trabajar igual el otro pendiente.

Broche

Montar 47 p.a. en c. azul marino.
1.ª pas.: en el 2.º p.a. desde el ganchillo tejer 1 m.bas., 1 bas. y 1 bas.d. En los 44 p.a. sig. tejer cada vez 3 bas.d. En el último p.a. tejer 1 bas.d., 1 bas. y 1 m.bas. (= 138 p.).
2.ª pas.: por la parte delantera tejer 138 p.cad. con Metallic-Sticktwist.

Terminación

Enrollar la cinta tejida para formar una flor y coserla por la parte de atrás. Coser el imperdible con hilo c. azul marino en el centro de la parte de atrás.

Pulsera

La pulsera está compuesta por 2 tiras.
1.ª tira: montar 96 p.a. en c. azul marino.
1.ª pas.: tejer 95 p.b., el 1.er p.b. se teje en el 2.º p.a. desde el ganchillo.
2.ª+3.ª pas.: tejer 1 p.a.-giro y 95 p.b.

2.ª tira: enfilar 93 rocallas en el hilo c. azul marino, luego montar 96 p.a.
1.ª pas.: 95 p.b., tejer el 1.er p.b. en el 2.º p.a. desde el ganchillo e incluir en cada p.b. 1 rocalla (ver Cómo se hace).
2.ª pas.: 1 p.a.-giro, tejer 95 p.b.

Terminación

Rematar todos los hilos. Poner la cadena de strass a lo largo sobre la 1.ª tira y coserla con hilo de c. azul marino. Hacer cada vez 1 puntada entre 2 elementos de strass. Colocar juntas las 2 tiras. Los extremos de ambas tiras se juntan por un lado colocados en un cierre de sujeción y se aprietan juntos.

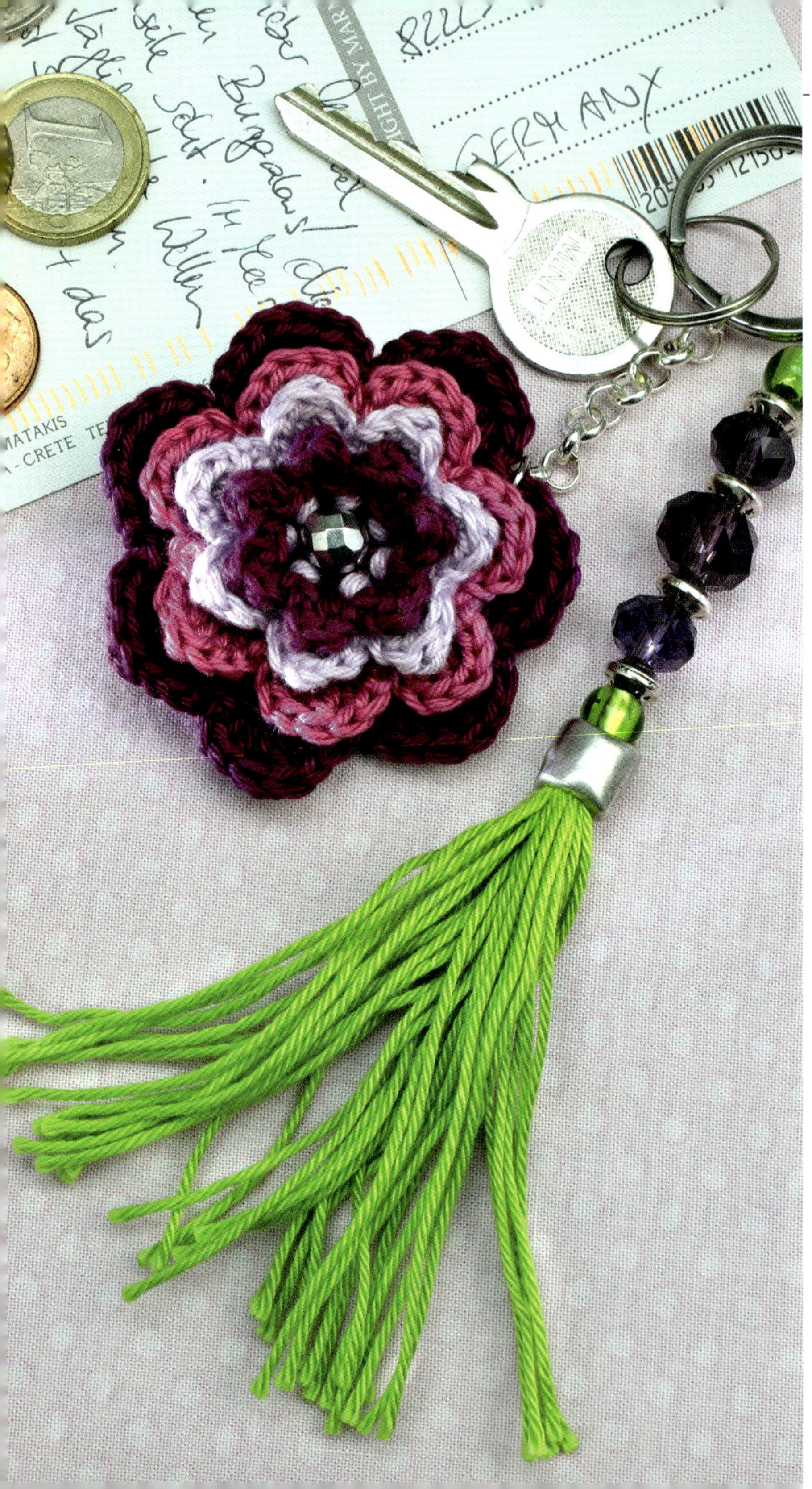

TAMAÑO

17 cm de largo aprox.

MATERIALES

* Schachenmayr original Catania (125 m/50 g) en verde manzana (c. 205), saúco (c. 226), fucsia (c. 128) y ciclamen (c. 114), 50 g de cada una
* 1 cuenta de cristal facetado en plata, de 8 mm ø
* 2 cuentas de cristal con viso plateado en c. verde, de 8 mm ø
* 3 cuentas de cristal facetado Rondell en c. lila, 2 de 11 mm ø y 1 de 14 mm ø
* Cuenta con orificio grande en plata vieja, de 8 x 10 mm
* 4 arandelas de metal plateado, de 8 mm ø
* 3 chafas en plata
* Cadena plateada, de 6 mm ø y 4 cm de largo
* Alambre de bisutería, de 0,45 mm ø y 20 cm de largo
* Anilla flexible plateada, de 8 mm ø
* Anilla de metal cerrada plateada, de 7 mm ø
* Anilla para llavero plateada
* Hilo de nailon
* Ganchillo, de 2,5 mm
* Aguja de coser

Flores de lujo

Llavero con flor

Instrucciones

Tejer un anillo en c. fucsia (ver Cómo se hace).

1.ª v.: tejer 7 arcos-p.a. en el anillo de cadeneta. Para ello, tejer 6 p.a. (3 p.a. sustituyen al 1.er bas.), 1 bas. en el anillo de cadeneta. * 3 p.a., tejer 1 bas. en el anillo de cadeneta, a partir de * rep. 5x. Cerrar la v. con 1 p.cad. en el 3.er p.a. al comienzo de la v.

2.ª v.: para los pétalos, tejer en cada arco-p.a. 1 p.cad., 1 p.a., 2 bas., 1 p.a. y 1 p.cad. hasta terminar el c. fucsia.

3.ª v.: girar la flor y en la parte de atrás tejer en c. saúco 1 p.cad. alrededor de 1 bas. Tejer 6 p.a., 1 bas. alrededor del sig. bas. de la flor. * Tejer 3 p.a., 1 bas. alrededor del sig. bas., a partir de * rep. siempre. Así se obtienen nuevamente 7 arcos-p.a. Cerrar la v. con 1 p.cad. en el 3.er p.a. al comienzo de la v.

4.ª v.: tejer 1 p.a. y girar la flor. A continuación, tejer en cada arco-p.a. 1 p.cad., 1 p.a., 1 bas., 1 bas.d., 1 bas., 1 p.a. y 1 p.cad. hasta terminar el c. saúco.

5.ª v.: girar la flor y en la parte de atrás, en c. ciclamen, tejer 1 p.cad. alrededor de 1 bas. Tejer 7 p.a., 1 bas. alrededor del sig. bas. de la flor. * 4 p.a., tejer 1 bas. alrededor del sig. bas., a partir de * rep. siempre. Cerrar la v. con 1 p.cad. en el 3.er p.a. al comienzo de la v.

6.ª v.: en cada arco-p.a. tejer 1 p.cad., 1 p.a., 2 bas., 1 bas.d., 2 bas., 1 p.a. y 1 p.cad.

Hacer un anillo tejido en c. fuscia para la flor grande y tejer 1 p.a.

1.ª v.: tejer 6 p.b. en el anillo de cadeneta y cerrar con 1 p.cad. para formar el círculo (= 6 p.b.).

Tejer todas las sig. v. con p.b., comenzar cada vez con 1 p.a. y cerrar con 1 p.cad.

2.ª v.: duplicar cada p. (= 12 p.).

3.ª v.: duplicar cada 2.º p. (= 18 p.).

4.ª v.: duplicar cada 3.er p. (= 24 p.).

5.ª v.: duplicar cada 4.º p. (= 30 p.).

6.ª v.: 2 p.b., luego duplicar cada 5.º p. (= 35 p.).

7.ª v.: * 5 p.a., pasar por encima 4 p. de la v. ant., 1 p.b. en el sig. p. de la v. ant., a partir de * rep. 6x, resulta un arco-7 p.a.

8.ª v.: tejer en cada arco-p.a. 1 p.cad., 1 p.a., 2 bas., 2 bas.d., 2 bas., 1 p.a. y 1 p.cad.

Terminación

Rematar todos los hilos. Colocar ambas piezas de flores centradas una encima de otra y coserlas. La cuenta plateada de cristal facetado se sitúa en el centro de la flor y también se cose. Fijar la flor de ganchillo con la anilla flexible a un extremo de la cadena, colgar el llavero en el otro extremo de la cadena.

La borla se hace con 22 tiras de 20 cm de largo del hilo en c. verde manzana. Juntar las tiras. Poner en doble el alambre para bisutería en el centro, alrededor de las tiras. Enfilar una chafa por ambos extremos del alambre y apretarla fuerte en las tiras de hilo verde manzana, para que el hilo forme una lazada fija alrededor de las cuerdas. Fijar la chafa y, a continuación, enfilar la cuenta en plata vieja con orificio grande por los extremos del alambre, introducir la borla un poco dentro de la cuenta. Enfilar las restantes cuentas como se ve en la fotografía. Por último, enfilar 2 chafas, pasar los hilos a través del anillo de metal y volver a enfilar a través de las chafas. Fijar las chafas y colgar el adorno en el llavero.

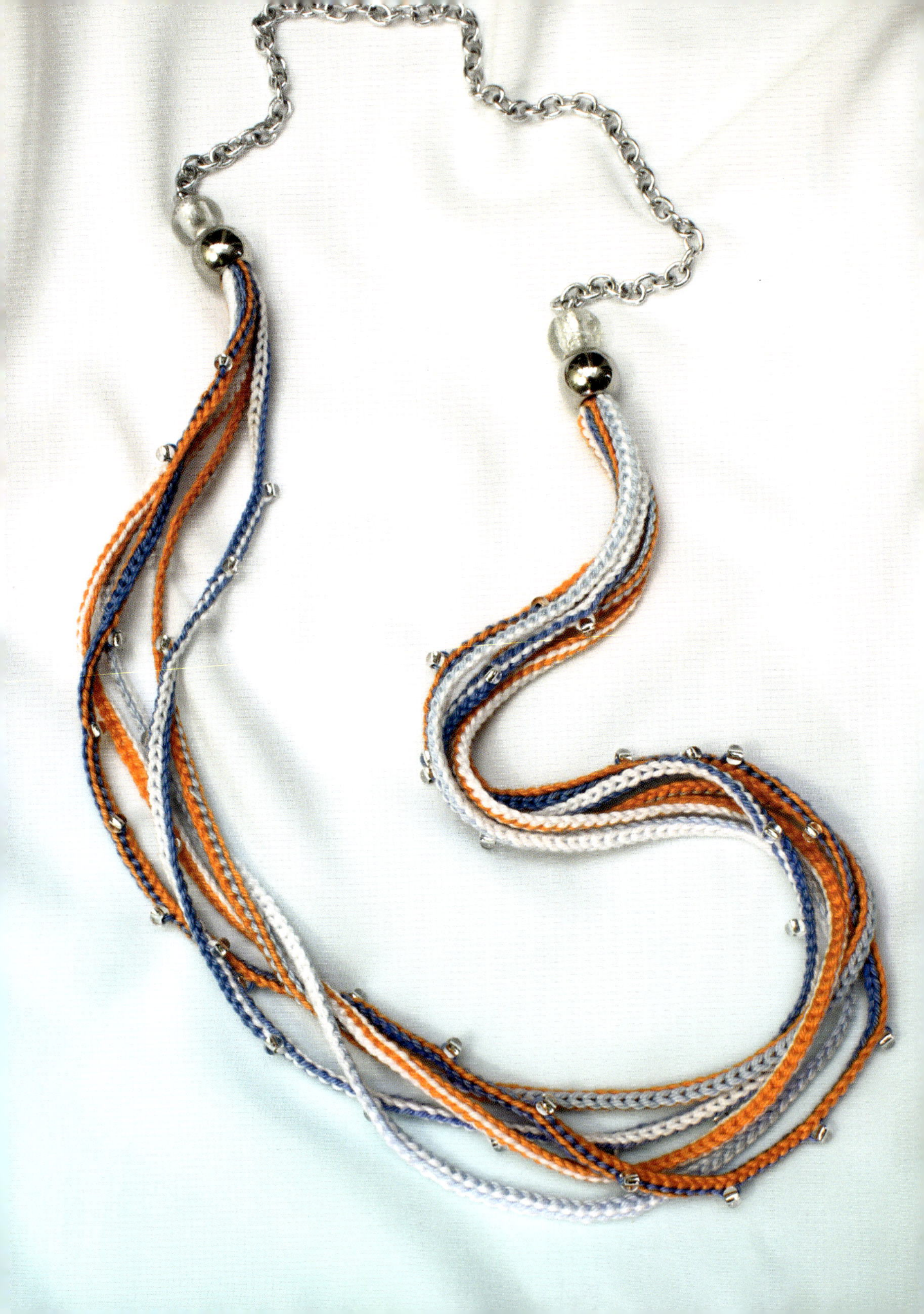

Combinado con tonos de color azul oscuro, este collar resulta muy llamativo.

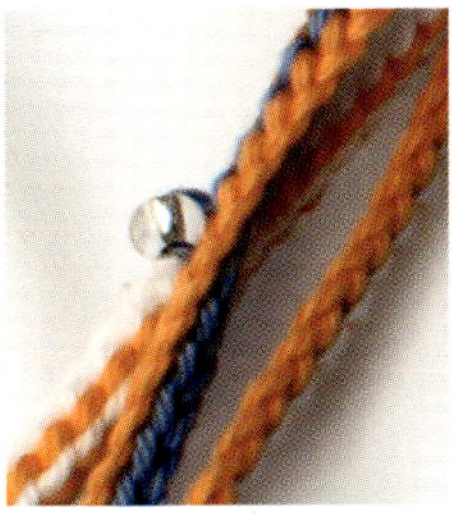

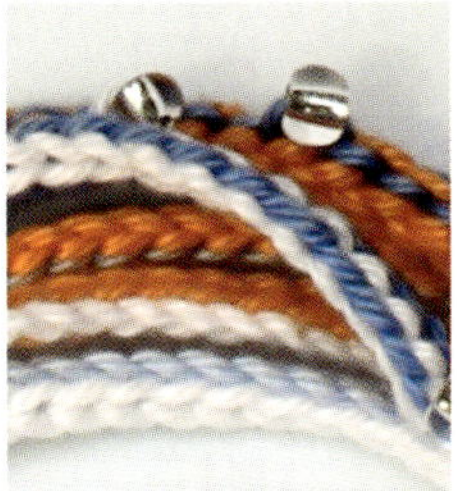

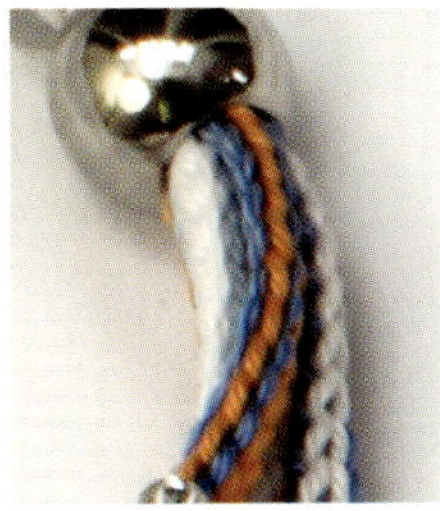

Luces urbanas

Collar para noches largas

TAMAÑO

50 cm de largo aprox.

MATERIALES

* Schachenmayr original Catania (125 m/50 g) en blanco (c. 106), azul claro (c. 173), vaquero (c. 164) y naranja (c. 281), 50 g de cada una
* 46 rocallas con viso plateado, de 4,5 mm ø
* 2 cuentas de cristal con viso plateado, de 1,4 cm ø
* 2 cuentas plateadas con orificio grande, de 1,5 cm ø
* 2 pasadores con remache plateado, de 5 cm de largo
* Cadena plateada, de 5 mm ø y 33 cm de largo
* Pegamento para bisutería
* Ganchillo, de 2,5 mm

Instrucciones

El collar se compone de 5 cuerdas tejidas, 2 de ellas con cuentas intercaladas.
Las cuerdas se realizan del sig. modo:
1.ª cuerda: montar 185 p.a. en c. naranja y sobre la cuerda-p.a. tejer 185 p.cad. en c. azul claro.
2.ª cuerda: montar 200 p.a. en c. blanco y en la cuerda-p.a. tejer 200 p.cad. en c. naranja.
3.ª cuerda: montar en c. azul claro 210 p.a. y tejer en la cuerda-p.a. 210 p.cad. en c. blanco.
4.ª cuerda: enfilar en el hilo de c. blanco 22 rocallas (ver Cómo se hace). Montar en c. vaquero 195 p.a. Tejer en c. blanco 13 p.cad., * en el sig. p.cad. incorporar 1 rocalla (ver Cómo se hace), tejer 7 p.cad., a partir de * rep. 21x, terminar con 6 p.cad.
5.ª cuerda: en el hilo c. vaquero enfilar 24 rocallas. Montar 220 p.cad. en c. naranja. Tejer en c. vaquero 13 p.cad., * en el sig. p.cad. intercalar 1 rocalla, 7 p.cad., a partir de * rep. 23x, terminar con 15 p.cad.

Terminación

Juntar las 5 cuerdas y en ambos extremos hacer un nudo flojo con los hilos iniciales y finales (ver Cómo se hace). A continuación, de dentro hacia fuera, pasar a través de este nudo cada vez un pasador con remache y apretar fuerte el nudo. Cortar los extremos de los hilos a unos 5 mm y afianzarlos con un poco de pegamento para bisutería. Sobre estos pasadores con remache enfilar, en cada uno de los extremos, 1 cuenta plateada con orificio grande y pasarla sobre los nudos y los extremos del hilo. Después, enfilar, sobre cada cuenta plateada, una cuenta de cristal con viso plateado. Doblar el final del pasador para formar un aro. Colgar los extremos de la cadena en los aros de los pasadores con remache.

Consejo

Si se conjunta con los colores de la pulsera de la página 3, se dispondrá de un bonito complemento.

Elegante resplandor

Fino conjunto en negro y plata

Colgante

Tejer alrededor del anillo metálico del sig. modo:
1.ª v.: hacer una lazada inicial en c. blanco, luego tejer 46 p.b. alrededor del anillo. Para terminar la v. trabajar 1 p.cad. en el 1.er p.b. Cortar el hilo y pasarlo.
2.ª v.: enlazar en c. plata donde se desee, tejer 1 p.a. y 46 p.b. Tejer 1 p.cad. en el 1.er p.b., cortar el hilo y pasarlo.
3.ª v.: enfilar 23 rocallas en el hilo negro (ver Cómo se hace), luego enlazar en el lugar que se desee de la v. ant., tejer 1 p.a. y 46 p.b. En cada 2.º p. incorporar 1 rocalla (ver Cómo se hace).

Terminación

Rematar todos los hilos. Colgar el colgante con adorno de espiral con la anilla flexible redonda en una abertura del círculo. Fijar encima la anilla flexible ovalada directamente sobre el borde exterior. Enfilar la tira de piel por esta anilla y ponerla doble. A continuación, pasar la cuenta en plata con orificio grande por ambos extremos de la tira de piel y colocarla directamente junto a la anilla. Anudar los extremos de la tira a la longitud deseada.

Anillo

La flor se compone de tres piezas separadas tejidas en c. plata, c. blanco y c. negro.

Realizar en c. plata un anillo de cadeneta (ver Cómo se hace).
1.ª v.: tejer 2 p.a. y 7 p.b. en el anillo de cadeneta. Tirar del hilo final para cerrar el anillo. Tejer 1 p.cad. en el 2.º p.a. al comienzo de la vuelta (= 8 p.).
2.ª v.: tejer 5 p.a., 1 p.b. en el sig. p.b. * 4 p.a., 1 p.b. en el sig. p.b., a partir de * rep. 5x, terminar con 4 p.a. y 1 p.cad. en el p.cad. de la v. ant.

Tejer un anillo de cadeneta en c. blanco (ver Cómo se hace).
1.ª v.: tejer 2 p.a. y 9 p.b. en el anillo de cadeneta. Tejer 1 p.cad. en el 2.º p.a. al comienzo de la v. (= 10 p.).
2.ª v.: 8 p.a., 1 p.b. en el sig. p.b. * 7 p.a., 1 p.b. en el sig. p.b., a partir de * rep. 7x, terminar con 7 p.a. y 1 p.cad. en el p.cad. de la v. ant.

Trabajar en c. negro un anillo de cadeneta (ver Cómo se hace).
1.ª v.: tejer 2 p.a. y 7 p.b. en el anillo de cadeneta. Tejer 1 p.cad. en el 2.º p.a. al comienzo de la v. (= 8 p.).
2.ª v.: tejer 2 p.a., en cada p.b. de la v. ant. tejer 2 p.b. Cerrar la v. con 1 p.cad. en el 2.º p.a. al comienzo de la v. (= 15 p.).
3.ª v.: 5 p.a., 1 p.b. en el sig. p.b., * 4 p.a., 1 p.b. en el sig. p.b., a partir de * rep. 12x, terminar con 4 p.a. y 1 p.cad. en el p.cad. de la v. ant.

Terminación

Rematar todos los hilos. Colocar superpuestas las tres piezas de la flor y coserlas juntas. Coser las 9 rocallas en el centro de la flor. Pegar la flor con un poco de pegamento para bisutería sobre la superficie del anillo.

TAMAÑO
Colgante para cadena: 5,5 cm ø aprox.
Anillo: 4 cm ø aprox.

MATERIALES COLGANTE

* Schachenmayr original Catania (125 m/50 g) en negro (c. 110), plata (c. 172) y blanco (c. 106), 50 g de cada una
* 23 rocallas con viso plateado, de 4,5 mm ø
* Anillo de metal, de 3,5 cm ø
* Colgante de metal con adorno de espiral, de 2,5 cm ø
* Anilla flexible plateada, de 8 mm ø
* Anilla flexible ovalada plateada, de 10 x 7 mm
* Cuenta en plata con orificio grande, de 8 mm ø
* Tira de cuero negro, de 2 mm ø y 1 m de largo
* Ganchillo, de 2,5 mm
* Aguja de coser

ANILLO

* Schachenmayr original Catania (125 m/50 g) en negro, (c. 110), plata (c. 172) y blanco (c. 106), restos
* 9 rocallas en c. negro-plata, de 4,5 mm ø
* Aro de anillo plateado con superficie para pegar (1,7 cm ø)
* Hilo de nailon
* Pegamento para bisutería
* Ganchillo, de 2,5 mm
* Aguja de coser

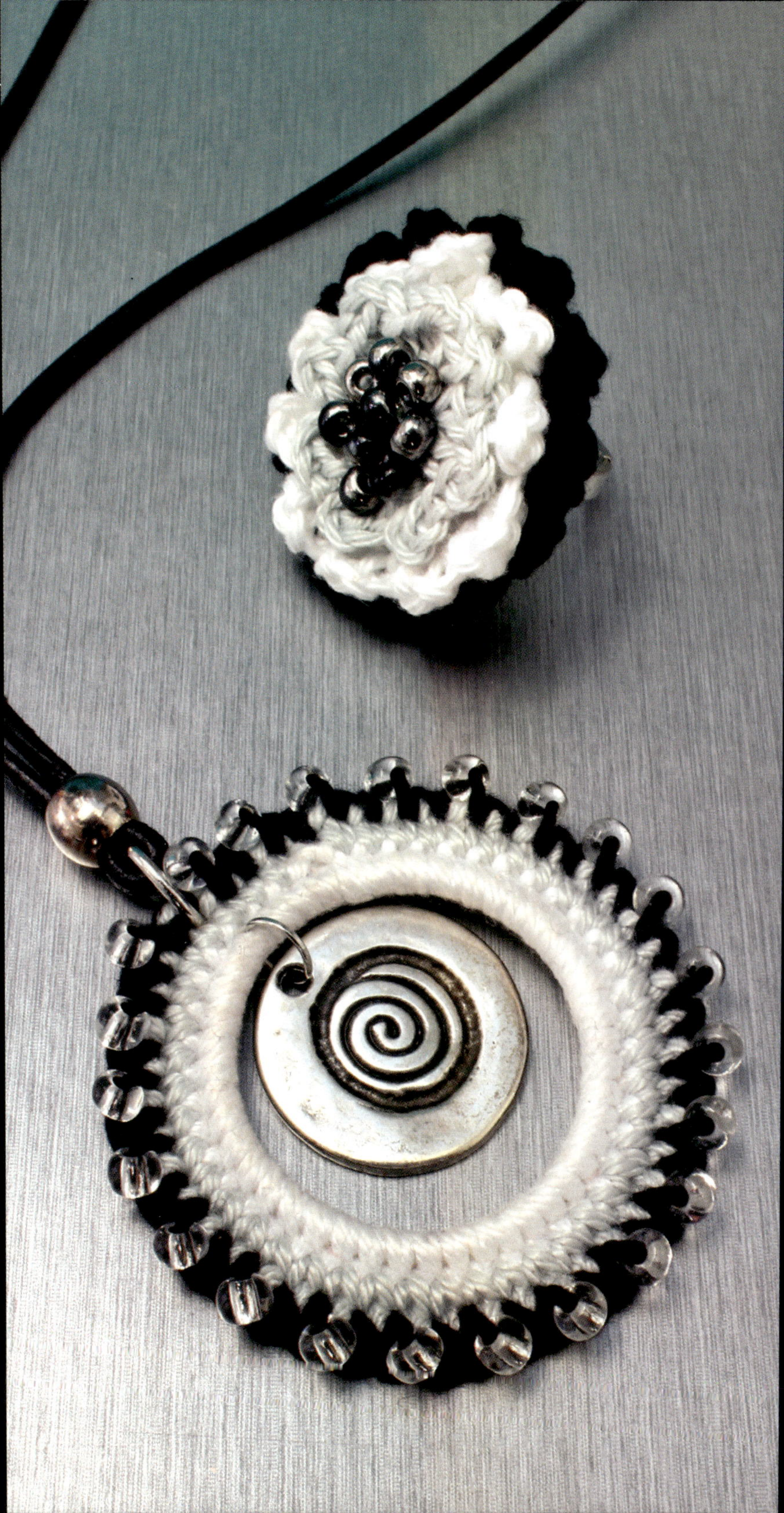

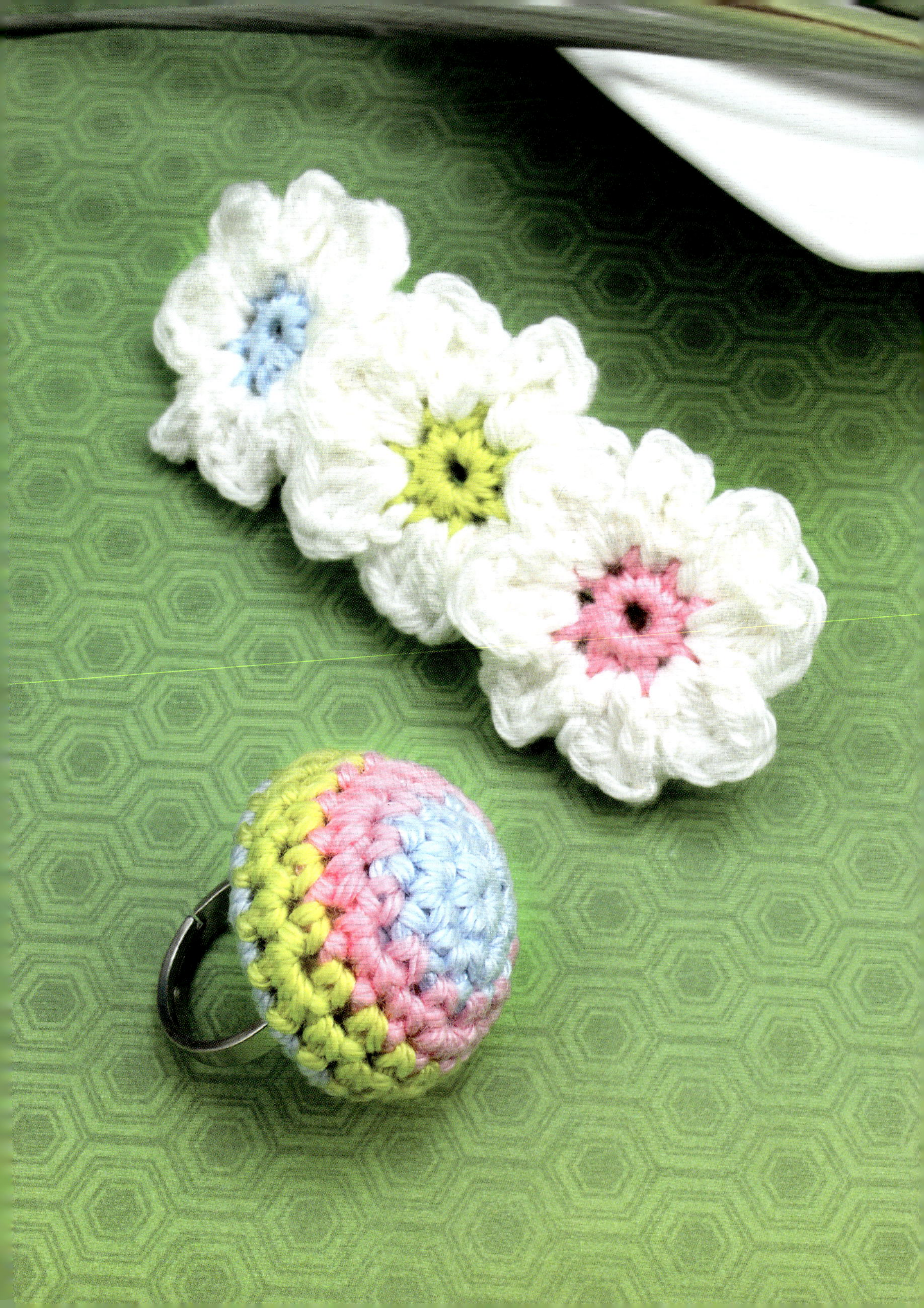

Dulce como una golosina

Pinza para el pelo y anillo en tonos pastel

TAMAÑO
Pinza para el pelo:
10 x 3,5 cm aprox.
Anillo: 3 cm ø aprox.

MATERIALES
PINZA PARA EL PELO

- Schachenmayr original Catania (125 m/50 g) en natural (c. 105), 50 g, azul claro (c. 173), rosa (c. 246) y anís (c. 245), 50 g de cada una
- Pinza francesa para el pelo, de 6 cm de largo
- Hilo de nailon
- Pegamento para bisutería
- Ganchillo, de 3 mm
- Aguja de coser

ANILLO

- Schachenmayr original Catania (125 m/50 g) en azul claro (c. 173), rosa (c. 246) y anís (c. 245), restos
- Semiesfera de madera, de 3 cm ø
- Aro de anillo en plata con superficie para pegar (1,7 cm ø)
- Pegamento para bisutería
- Ganchillo, de 3 mm
- Aguja de coser

Pinza para el pelo

Hacer un anillo de cadeneta en c. rosa (ver Cómo se hace).
1.ª v.: tejer 1 p.a. y 8 p.b. en el anillo de cadeneta. Cerrar la v. con 1 p.cad. en el 1.er p.b., cortar el hilo y pasarlo.
2.ª v.: enlazar con 1 p.cad. en c. natural en el lugar que se desee y tejer 2 p.a. En el mismo p. tejer 1 bas., 1 bas.d., 1 bas. y 2 p.a. * En el sig. p. de la v. ant. tejer 1 p.cad., 2 p.a., 1 bas., 1 bas.d., 1 bas., y 2 p.a., a partir de * rep. 6x, cerrar la v. con 1 p.cad.

Tejer la flor 3x. El centro de la flor se teje 1x en c. rosa, c. azul claro y c. anís.

Terminación

Rematar los hilos. Coser las flores solapando ligeramente los pétalos y finalmente pegarlas en la pinza para el pelo.

Anillo

Tejer un anillo de cadeneta (ver Cómo se hace) en c. azul claro.
1.ª v.: tejer 1 p.a. y 6 p.b. en el anillo de cadeneta. Cerrar esta v. y todas las sig. v. cada vez con 1 p.cad.
2.ª v.: en cada p. tejer tejer 2 p.b. (= 12 p.b.).
3.ª v.: tejer 12 p.b. en c. rosa.
4.ª v.: duplicar cada 2.º p. (= 18 p.b.).
5.ª v.: tejer 18 p.b. en c. anís.
6.ª v.: duplicar cada 6.º p. (= 21 p.b.).
7.ª v.: tejer 21 p.b. en c. azul claro.
8.ª v.: tejer j. cada 1.er y 2.º p.
Cortar el hilo después de unos 15 cm.

Terminación

Rematar todos los hilos hasta el hilo final en c. azul claro. Poner un poco de pegamento para bisutería en el centro de la semiesfera de madera. Una vez seco el pegamento, introducir la envoltura tejida en la semiesfera.
Con el hilo en c. azul claro coger todos los p. de la última v., juntarlos y tirar fuerte. Rematar el hilo.

Toque campestre

Collar y pulseras

TAMAÑO

Borla: 13,5 cm de largo
Pulsera entrelazada: 40 cm de largo aprox.
Pulsera con borlas: 19 cm de largo aprox.

MATERIALES

COLLAR

* Schachenmayr original Catania (125 m/50 g) en natural (c. 105), azul vaquero (c. 164), topo (c. 254) y café (c. 162), 50 g de cada una
* Cuentas de sodalita, 10 de 8 mm ø y 1 de 1 cm ø
* Cuentas plateadas con orificio grande, 10 de 7 mm ø y 1 de 1,8 cm ø
* Pasadores con remache plateado, 10 de 2 cm de largo y 1 de 3 cm de largo
* Rocalla como cuenta de tope
* Anilla flexible en plata, de 7 mm ø
* Cadena tipo ancla en plata, de 6 mm ø y 80 cm de largo
* Pegamento para bisutería
* Ganchillo, de 2,5 mm

Collar

El colgante está formado por 5 tiras tejidas a ganchillo de 20 cm de largo cada una. Montar, para la 1.ª tira, 62 p.a. en c. natural y tejer en c. topo 62 p.cad. sobre la tira-p.a. Las restantes 4 tiras se hacen igual pero en las siguientes combinaciones de colores: topo-azul vaquero, marrón-azul vaquero, topo-marrón y marrón-natural.

Terminación

Los 10 pasadores cortos con remache se adornan con las pequeñas cuentas de sodalita y los extremos de los remaches se doblan para formar aros. Anudar los dos hilos de cada extremo de tira y cortarlos.
A continuación, introducir 1 cuenta con orificio grande de 7 mm ø en una tira y colgar en el extremo de esta un pasador con remache provisto de cuenta.
Poner un poco de pegamento para bisutería en el aro y en el extremo de la tira y desplazar encima la cuenta con orificio grande. Hacer lo mismo en el otro extremo de la misma tira. Terminar igual todas las tiras.
A continuación, juntar las 5 tiras y atarlas en el centro con un trozo de hilo. Enfilar la cuenta de tope en el pasador largo con remache y encajarlos donde se han atado las tiras. Enfilar la cuenta de 1,8 cm ø con orificio grande sobre el pasador con remache e introducirlo en la cuenta a través del lugar atado. Enfilar luego la cuenta grande de sodalita y hacer un aro con el extremo de la espiga. Sujetar la borla con el aro en la cadena.

Pulsera entrelazada

Punto bajo cruzado

Pasar por encima 1 p., en el sig. p. tejer 1 p.b. Desde delante, pinchar en el p. pasado antes por encima, recoger el hilo y pasarlo hacia delante. Tejer los p.b. como de costumbre.

Montar en c. topo 104 p.a.+1 p.a.-giro.
1.ª pas.: tejer 104 p.b. en c. topo.
2.ª pas.: tejer en c. natural 52 p.b. cruzados.
3.ª pas.: tejer 104 p.b. en c. azul vaquero.
Doblar por la mitad a lo largo la tira tejida, de forma que el borde superior y el inferior queden superpuestos. Luego, juntar los bordes superpuestos con 104 p.b. tejidos en c. café.

Terminación

Anudar los hilos y cortarlos. Pegar en cada uno de los extremos un casquete final. En los casquetes finales, colgar en un extremo el cierre con un anillo, en el otro extremo colgar solo un anillo flexible.

Pulsera con borlas

Conforme a las instrucciones básicas (ver Cómo se hace), hacer 2 borlas en c. café y en c. azul vaquero, 1 borla en c. natural y 1 en c. topo. Enfilar las cuentas y borlas del sig. modo por el hilo elástico: * 6 rocallas, 1 cuenta de metal, 1 borla, 1 cuenta de metal, a partir de * rep. 5x. Cerrar la pulsera con un nudo doble e introducir el nudo en una de las cuentas de metal.

PULSERA ENTRELAZADA

* Schachenmayr original Catania en natural (c. 105), azul vaquero (c. 164), topo (c. 254) y café (c. 162), restos
* 2 casquetes finales en plata, de 1 cm ø
* 2 anillas flexibles en plata, de 8 mm ø
* Cierre de mosquetón en plata, de 2,2 cm de largo
* Pegamento para bisutería

• Ganchillo, de 3 mm

PULSERA CON BORLAS

* Schachenmayr original Catania en natural (c. 105), azul vaquero (c. 164), topo (c. 254) y café (c. 162), restos
* 36 rocallas con viso plateado, de 4,5 mm ø
* 12 cuentas de metal facetadas en plata, de 6 mm ø
* 6 casquetes de cuentas plateadas, de 8 x 13 mm
* 6 pasadores con remache plateado, de 2 cm de largo
* Hilo elástico, de 0,7 mm ø y 25 cm de largo
* Cartulina, restos

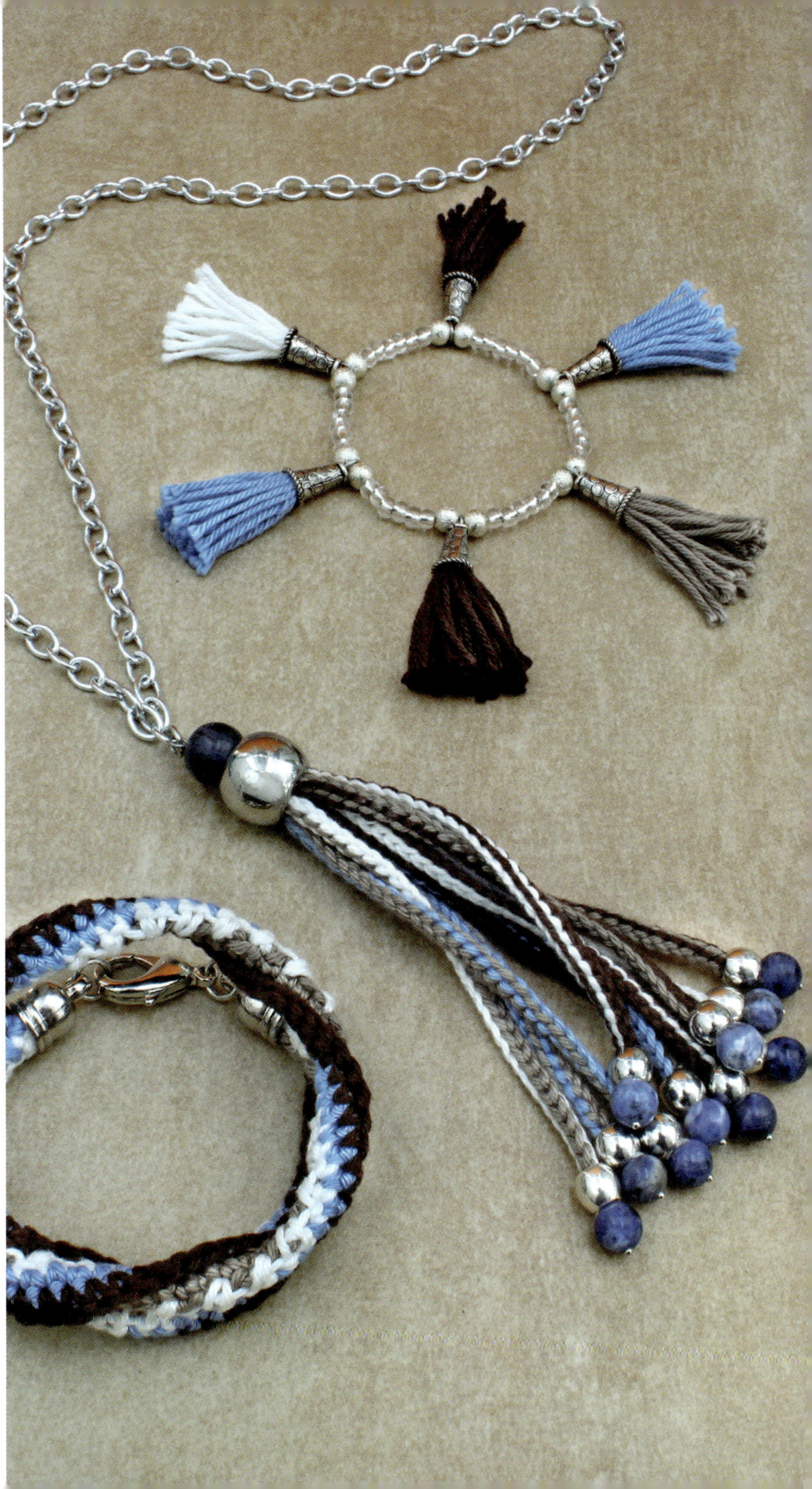

Original detalle

Collar y anillo de pajarita

TAMAÑO

Collar: 47 cm de largo aprox.
Anillo: 4 cm de ancho aprox.

MATERIALES

COLLAR

* Schachenmayr original Catania (125 m/50 g) en lino (c. 248), 50 g
* 56 rocallas Metallic platino, de 2,6 mm ø
* Cadena en plata, de 6 mm ø, 2 de 20 cm de largo
* Cierre de mosquetón plateado, de 1,4 cm de largo
* Anilla flexible plateada
* Alambre, de 0,25 mm ø y 10 cm de largo aprox. (ayuda para enfilar)
* Ganchillo, de 2,5 mm
* Aguja de coser

ANILLO

* Schachenmayr original Catania (125 m/50 g) en lino (c. 248), restos
* 18 rocallas Metallic platino, de 2,6 mm ø
* Aro de anillo con superficie para pegar (1 cm ø)
* Alambre, de 0,25 mm ø y 10 cm de largo aprox. (ayuda para enfilar)
* Pegamento para bisutería
* Ganchillo, de 2,5 mm
* Aguja de coser

Collar

Enfilar 56 rocallas en el hilo (ver Cómo se hace).
Montar 20 p.a.+1 p.a.-giro.
1.ª pas.: tejer 1 p.b. en el 2.° p. desde el ganchillo e incorporar 1 rocalla (ver Cómo se hace). Tejer 6 p.b. e incorporar cada vez 1 rocalla. Tejer 6 p.b. sin rocallas. A continuación, volver a tejer 7 p.b. con rocallas.
2.ª pas.: tejer 1 p.a.-giro, 20 p.b.
3.ª pas.: 1 p.a.-giro, luego tejer como la 1.ª pas.
Rep. 2x las pas. 2.ª y 3.ª.

A continuación, tejer alrededor de los 4 bordes un total de 58 p.b. De estos, cada vez 20 p.b. en los bordes longitudinales y 7 p.b. en los bordes laterales. En las 4 esquinas tejer cada vez 1 p.b. adicional.

Para la franja central montar 14 p.a.+1 p.a.-giro y tejer 5 pas., cada una con 14 p.b.

Terminación

Rematar todos los hilos. Coser la pajarita en el centro con hilo y, a continuación, colocar en el centro la tira tejida y coserla por la parte de atrás. Enganchar las cadenas a las anillas situadas en las 2 esquinas superiores y poner también el cierre de la cadena con 1 anilla flexible.

Anillo

Enfilar en el hilo 18 rocallas (ver Cómo se hace).
Montar 8 p.a.+1 p.a.-giro.
1.ª pas.: tejer 1 p.b. en el 2.° p. tejido desde el ganchillo (ver Cómo se hace) e introducir 1 rocalla. Tejer 2 p.b. cada uno con 1 rocalla y 2 p.b. sin rocallas. A continuación, volver a tejer 3 p.b. con rocallas.
2.ª pas.: tejer 1 p.a.-giro y 8 p.b.
3.ª pas.: tejer 1 p.a.-giro y luego seguir como la 1.ª pas.
Rep. 1x las pas. 2.ª y 3.ª.

A continuación, tejer alrededor de los 4 bordes un total de 30 p.b.; de ellos, 8 p.b. corresponden a cada borde longitudinal y 5 p.b. a cada uno de los bordes laterales. En cada esquina tejer 1 p.b. adicional.

Terminación

Terminar la pajarita como la del collar. Montar, para la tira central, 13 p.a. y tejer 1 pas. con p.b. Pegar la pajarita sobre el anillo con pegamento para bisutería.

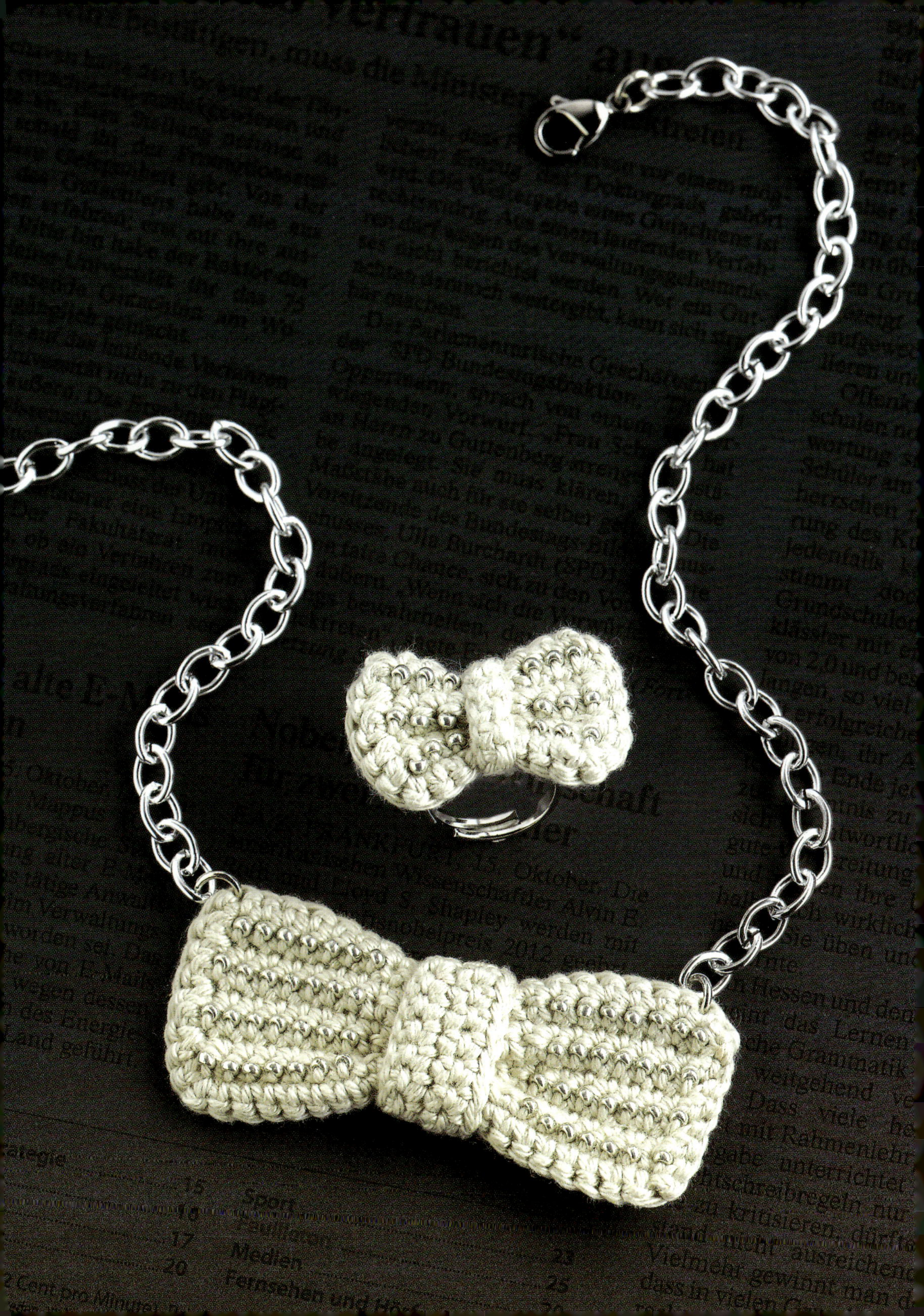

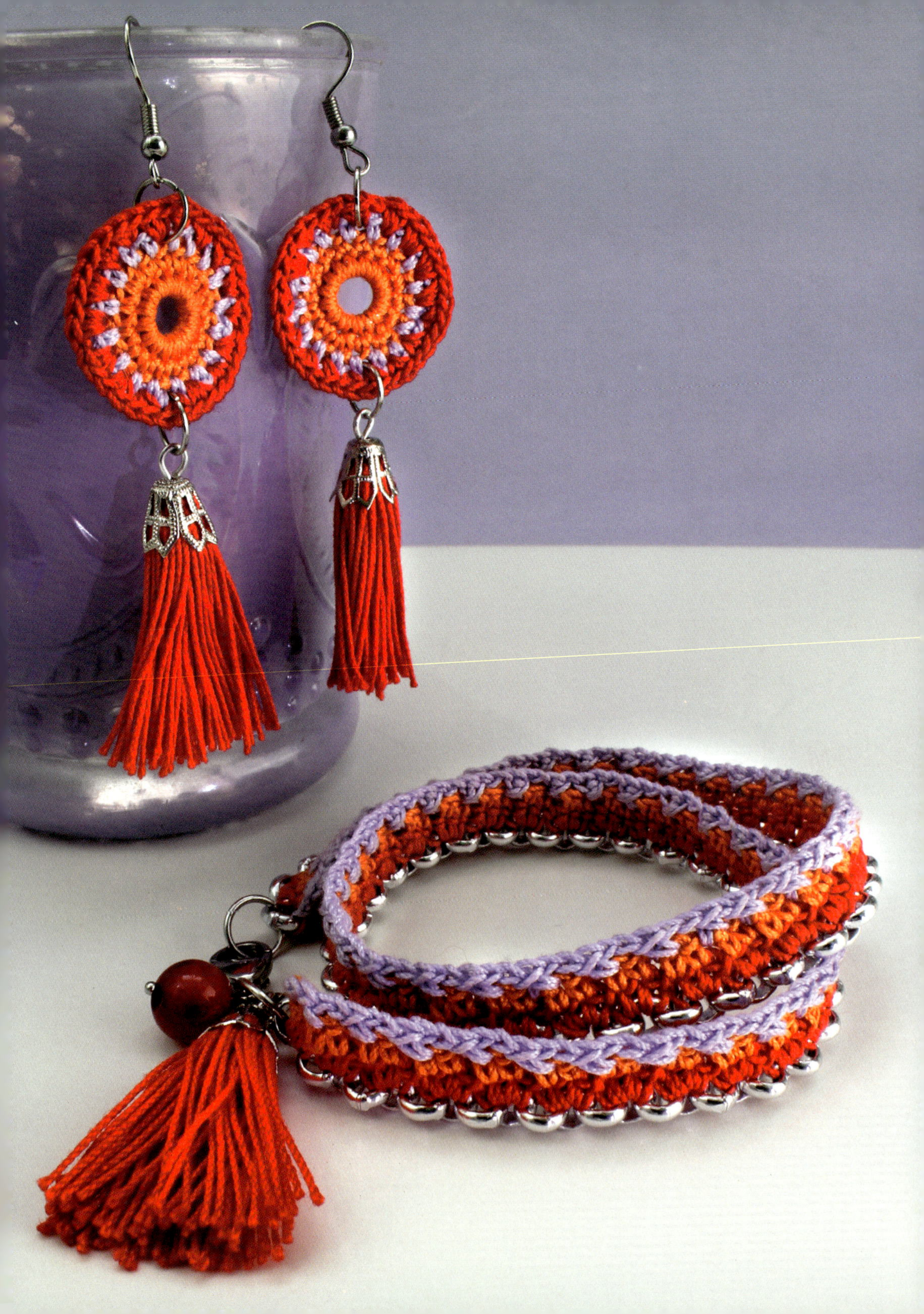

Puesta de sol

Pulsera entrelazada y pendientes

TAMAÑO

Pulsera: 37 cm de largo aprox.
Pendientes: 8 cm de largo aprox.

MATERIALES

PULSERA

* Anchor hilo para ganchillo Aida 10 (265 m/50 g) en naranja (c. 1003), rojo (c. 9046) y lila (c.108), 50 g de cada una
* Cuenta de coral, de 9 mm ø
* Casquete con cuenta plateada, de 8 mm ø
* 3 anillas flexibles plateadas, de 8 mm ø
* 2 pasadores con remache plateados, de 2 cm de largo
* Cierre de mosquetón en plata, de 1,4 cm de largo
* Cadena con eslabones ovalados en plata, de 5 mm ø y 37 cm de largo
* Ganchillo, de 1,5 mm
* Aguja de coser

PENDIENTES

* Anchor hilo para ganchillo Aida 10 (265 m/50 g) en naranja (c. 1003), rojo (c. 9046) y lila (c. 108), restos
* 2 aros plateados, de 8 mm ø
* 4 anillas flexibles plateadas, de 8 mm ø
* 2 casquetes con cuenta plateada, de 8 mm ø
* 2 pasadores con remache plateados, de 2 cm de largo
* 2 ganchos plateados para pendientes
* Ganchillo, de 1,5 mm
* Aguja de coser

Pulsera

1.ª pas.: trabajar en c. rojo una lazada inicial, tejer 3 p.b. en cada eslabón que une la cadena con eslabones ovalados.
2.ª pas.: tejer en c. naranja la parte delantera de la sig. forma: 2 p.b., * 1 p.a., saltar 1 p., tejer 2 p.b., a partir de * rep. siempre. Terminar la pas. con 3 p.b.
3.ª pas.: tejer en c. lila por la parte delantera de la sig. forma: 1 p.b., saltar 1 p., 1 p.b. debajo del p.a. de la pas. ant., 1 p.b. en el p. antes saltado.* 1 p.a., saltar 2 p., 1 p.b. en el p.a. de la pas. ant., 1 p.b. en el 2.º de los p. saltados *, a partir de * rep. siempre. Terminar la pas. con 2 p.b.

Terminación

Rematar todos los hilos. Hacer una borla conforme a las instrucciones básicas (ver Cómo se hace). Envolver el hilo 35 veces aproximadamente alrededor de la cartulina. Enfilar la cuenta de coral en un pasador con remache y doblar el otro extremo del pasador para formar un aro. La borla, el pasador con remache y cuenta y el cierre de mosquetón se cuelgan en una anilla y esta se cuelga en el primer eslabón de la cadena. Poner la segunda anilla flexible en el último eslabón de la cadena.

Pendientes

1.ª v.: hacer una lazada inicial en c. naranja, luego tejer 16 p.b. en un aro de metal. Cerrar la v. con 1 p.cad. tejido en el 1.er p.b.
2.ª v.: tejer 1 p.a. y 16 p.b. Cerrar la v. con 1 p.cad. tejido en el 1.er p.b.
3.ª v.: enlazar en c. lila en el lugar que se desee y tejer 2 p.a. * Tejer 1 p.b. en el sig. p. de la v. ant., 1 p.a., a partir de * rep. 14x. 1 p.cad. en el 1.er p.a. Cortar los hilos y rematarlos.
4.ª v.: enlazar en c. rojo debajo de 1 p.a. de la v. ant., tejer 1 p.a. y 1 p.b. debajo del mismo p.a. * 2 p.b. bajo el sig. p.a. de la v. ant., a partir de * rep. 15x, terminar con 1 p.cad. en el 1.er p.a. de la v.

Terminación

Rematar todos los hilos. Trabajar 2 borlas en c. rojo conforme a las instrucciones básicas (ver Cómo se hace). Envolver el hilo 35 veces aproximadamente alrededor de la cartulina. Sujetar cada borla con una anilla flexible al borde del pendiente. Colgar también con anillas flexibles los ganchos para pendientes. Asimismo, estos ganchos se cuelgan con anillas en el borde frente a las borlas.

Elegancia con estilo

Cadena en tonos discretos

Instrucciones

Hacer un anillo de cadeneta para las cuentas tejidas (ver Cómo se hace) y tejer 3 p.a. A continuación, en el anillo de cadeneta hacer un p. ramillete compuesto de 12 bas. tejidos j. (ver Cómo se hace), 1 p.a., cortar el hilo y pasarlo. Anudar los hilos inicial y final del anillo de cadeneta y, a continuación, rematarlos.
De esta forma trabajar 5 cuentas en c. crema y cada vez 3 cuentas en c. topo y c. café.

Para los dos círculos a ganchillo plegados, tejer en c. topo un anillo de cadeneta y 2 p.a.
1.ª v.: tejer 6 p.b. en el anillo de cadeneta y cerrar con 1 p.cad. para formar un círculo (= 6 p.b.).
Todas las v. sig. comienzan con 1 p.a. y se cierran con 1 p.cad.
2.ª v.: en cada p. tejer 2 p.b. (= 12 p.b.).
3.ª v.: en cada 2.º p. tejer 2 p.b. (= 18 p.b.).
Hacer 2x círculos tejidos.

Hacer un anillo en c. topo para el círculo de 3 colores y tejer 2 p.a.
1.ª v.: tejer 12 p.b. en el anillo de cadeneta y cerrar para formar un círculo con 1 p.cad. (= 12 p.b.). Todas las v. sig. comienzan con 1 p.a. y se cierran con 1 p.cad.
2.ª v.: tejer en c. café 2 p.b. en cada p. (= 24 p.b.).
3.ª v.: tejer 24 p.b. en c. crema.
4.ª v.: tejer en c. topo * 3 p.b., 1 p.b. pinchado más abajo (para ello, pinchar el ganchillo una v. más abajo y tejer 1 p.b. sobre esta v.), a partir de * rep. 5x (= 24 p.b.).
Tejer esta pieza 2x y coserlas j. revés con revés.

Terminación

Rematar todos los hilos. Enfilar en un pasador con remache 1 cuenta pequeña de cristal facetado. Enfilar cada vez 1 cuenta tejida en c. topo y c. crema y nuevamente 1 cuenta pequeña de cristal facetado. Adornar el 2.º pasador con remache con 1 cuenta pequeña de metal y 1 cuenta de ojo de tigre. Doblar cada vez el otro extremo del pasador con ayuda de un alicate de punta redonda para formar un aro. Enfilar 2 chafas por el extremo de un alambre. Con el extremo del alambre formar un pequeño lazo y volver a enfilar a través de ambas chafas. Fijar las chafas. Colgar el pasador con remaches con las cuentas tejidas en el lazo. A continuación, adornar 11,5 cm del alambre con diferentes cuentas y rocallas, enhebrar el alambre en la aguja de coser y enfilar la pieza tejida en 3 colores. Pinchar aquí el ganchillo a través del círculo en el borde entre los círculos tejidos juntos y un poco a la izquierda del centro. Enfilar después las cuentas y piezas tejidas según se ve en la fotografía. Las piezas tejidas se enfilan siempre pasando el alambre por una aguja de coser y pasando luego la pieza tejida por la aguja al alambre. Los círculos en c. topo plegados se pinchan hacia atrás, justo por debajo del borde; volver a pinchar poco antes del centro, poco después del centro y poco antes del borde situado al lado. A los 90 cm de longitud total se vuelve a pasar el alambre a través del círculo tejido, pero ligeramente a la derecha del centro. Seguidamente, adornar con cuentas los otros 11 cm del alambre. Al final, igual que al principio, formar un pequeño lazo de alambre y colgar de este lazo el resto de pasadores con remache adornados con cuentas.

TAMAÑO

1,1 m de largo aprox.

MATERIALES

* Schachenmayr original Catania (125 m/50 g) en topo (c. 254), crema (c. 130) y café (c. 162), 50 g de cada una
* 35 rocallas Metallic en c. gris, de 2,6 mm ø
* 22 rocallas en bronce, de 3,5 mm ø
* 49 rocallas Mamor en c. beis, de 3,5 mm ø
* 66 rocallas en c. oro-negro, de 4,5 mm ø
* Cuentas de cristal facetado con baño de cobre, 23 de 6 mm ø, 2 de 8 mm ø y 2 de 10 mm ø
* 3 cuentas de cristal facetado con viso en c. gris, de 10 mm ø
* 15 cuentas de cristal con viso en c. gris, de 6 x 8 mm
* 3 cuentas de lava en c. natural, de 1,4 mm ø
* 3 cuentas ojo de tigre, de 1,4 mm ø
* 2 cuentas de metal plata vieja, de 1,3 cm ø
* 4 cuentas de metal diamantado en plata, de 8 mm ø
* 2 pasadores con remache plateado, de 4 cm de largo
* 4 chafas en plata
* Alambre para bisutería en plata, de 0,45 cm ø y 1,2 m de largo
* Hilo de nailon
* Ganchillo, de 3 mm
* Aguja de coser gruesa

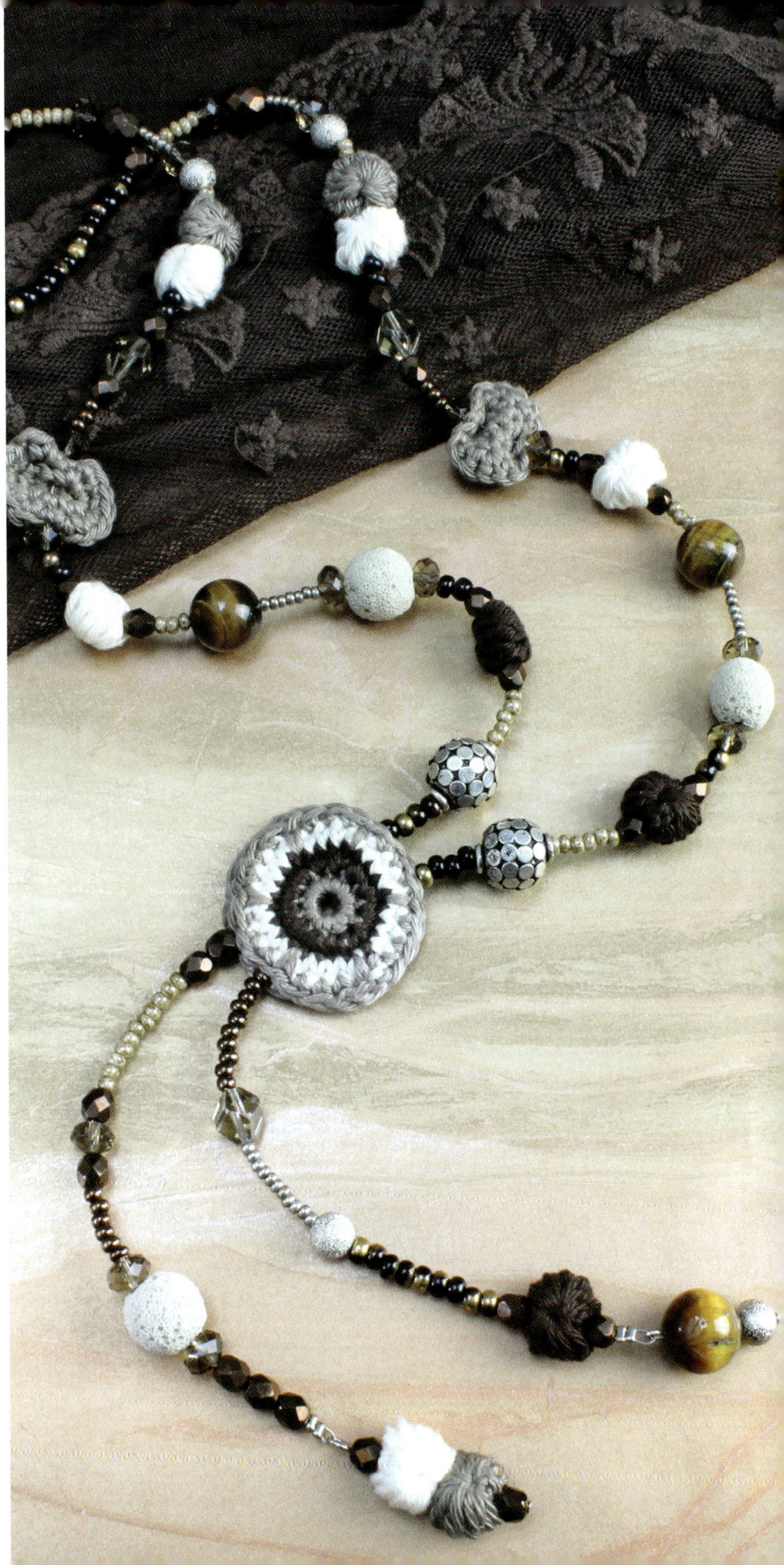

American Style

Cinta para el pelo y brazalete

TAMAÑO

Cinta para el pelo: 44 x 4,5 cm

Brazalete: 8 cm ø

MATERIALES CINTA PARA EL PELO

* Schachenmayr original Catania (125 m/50 g) en rojo vino (c. 192), azul marino (c. 124), saúco (c. 226) y natural (c. 105), 50 g de cada una
* Ganchillo, de 3 mm
* Aguja de coser

BRAZALETE

* Schachenmayr original Catania (125 m/50 g) en rojo vino (c. 192), azul marino (c. 124), saúco (c. 226) y natural (c. 105), restos
* Brazalete para cubrir, de 6,5 cm ø y 2,5 cm de ancho
* Hilo de nailon
* Ganchillo, de 3 mm
* Aguja de coser

Bastoncillo cruzado

Pasar 1 p. por encima y tejer en el sig. p. 1 bas. Poner el hilo una vez alrededor del ganchillo (1 arr.) y pinchar desde delante en el p. antes pasado por encima. Coger el hilo y pasarlo hacia delante. Tejer el bastoncillo como de costumbre.

Punto bajo cruzado

Pasar 1 p. por encima y tejer en el sig. p. 1 p.b. Pinchar desde delante en el p. antes pasado por encima, coger el hilo y pasarlo hacia delante. Tejer el p.b. como de costumbre.

Cinta para el pelo

En c. rojo vino montar 118 p.a.+1 p.a.-giro.
1.ª pas.: tejer 118 p.b. en c. rojo vino y 1 p.a-giro en c. saúco.
2.ª pas.: tejer 118 p.b. en c. saúco y tejer 1 p.a.-giro en c. azul oscuro.
3.ª pas.: tejer 118 p.b. en c. azul oscuro y tejer 2 p.a.-giro en c. natural.
4.ª pas.: tejer 59 bas. cruzados en c. natural y 1 p.a.-giro en c. saúco.
5.ª pas.: tejer 118 p.b. en c. saúco y 2 p.a.-giro en c. rojo vino.
6.ª pas.: tejer 59 bas. cruzados en c. rojo vino y 1 p.a.-giro en c. azul oscuro.
7.ª pas.: tejer 118 p.b. en c. azul oscuro y tejer 1 p.a.-giro en c. natural.
8.ª pas.: tejer 118 p.b. en c. natural y 1 p.a.-giro en c. saúco.
9.ª pas.: tejer 118 p.b. en c. saúco y 1 p.a.-giro en c. rojo vino.
10.ª pas.: tejer 59 bas. cruzados en c. rojo vino.

Terminación

Rematar todos los hilos y rodear los bordes cortos en c. rojo vino con 12 p.b. La tira para atar se hace cortando 12x 70 cm en c. rojo vino. Juntar cada vez 3 hilos, ponerlos en doble y sujetarlos en cada esquina con un nudo para colgar. Unir las 2 tiras de un lado con un nudo simple y, a continuación, tejer una trenza de 13 cm de largo.

Brazalete

Montar en c. rojo vino 170 p.a.+1 p.a.-giro.
1.ª pas.: tejer 170 p.b. en c. rojo vino y 1 p.a.-giro en c. saúco.
2.ª pas.: tejer 170 p.b. en c. saúco y 1 p.a.-giro en c. azul oscuro.
3.ª pas.: tejer 170 p.b. en c. azul oscuro y 2 p.a.-giro en c. natural.
4.ª pas.: tejer 85 bas. cruzados en c. natural.

Terminación

Rematar todos los hilos. Enrollar el brazalete con la tira tejida ligeramente torcida y coser por el interior con hilo de nailon el comienzo y el final de la tira.

Consejo

Variante: Si se desea que el brazalete sea algo más ancho o más estrecho, tejer simplemente una pasada más o reducir una pasada.

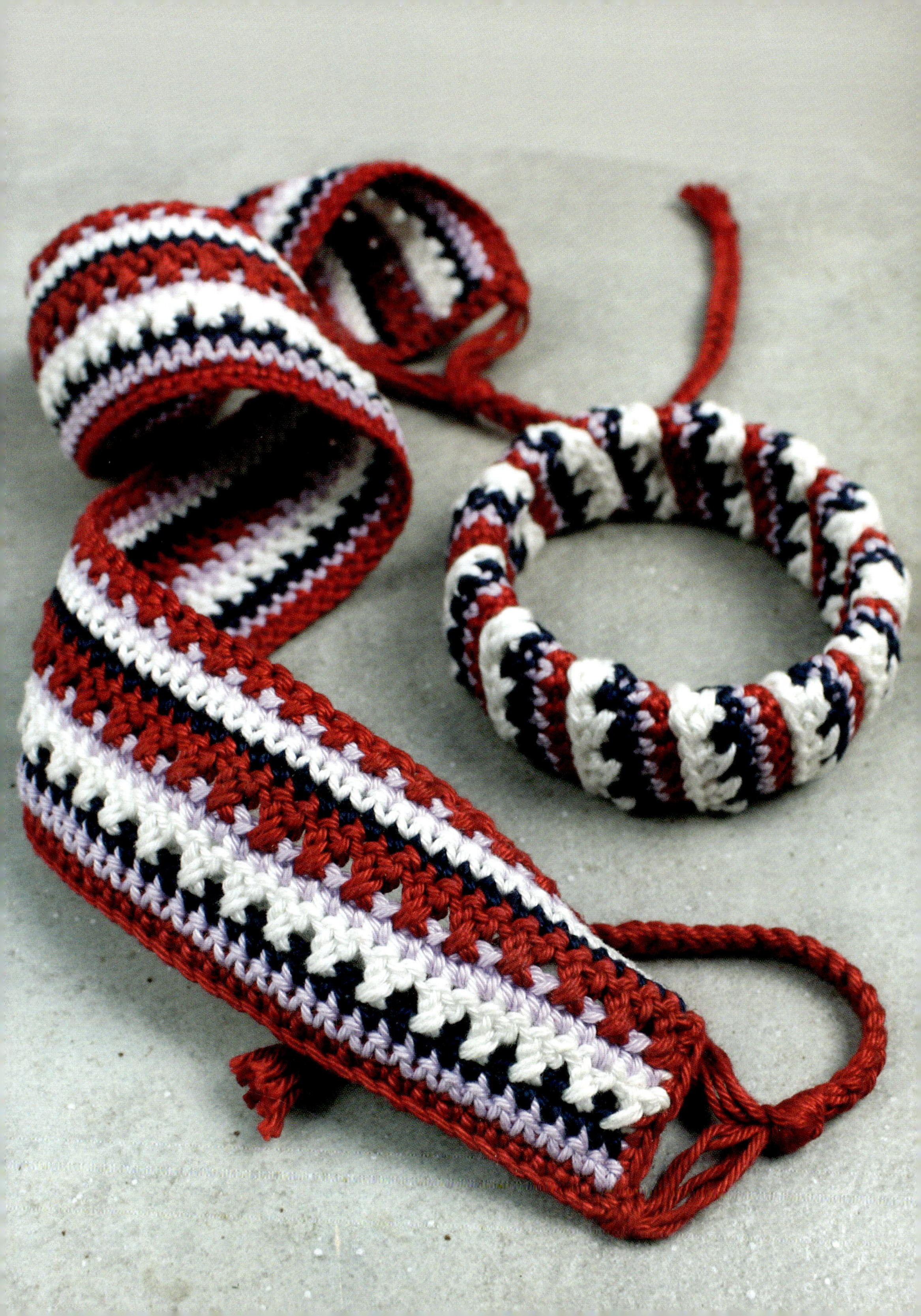

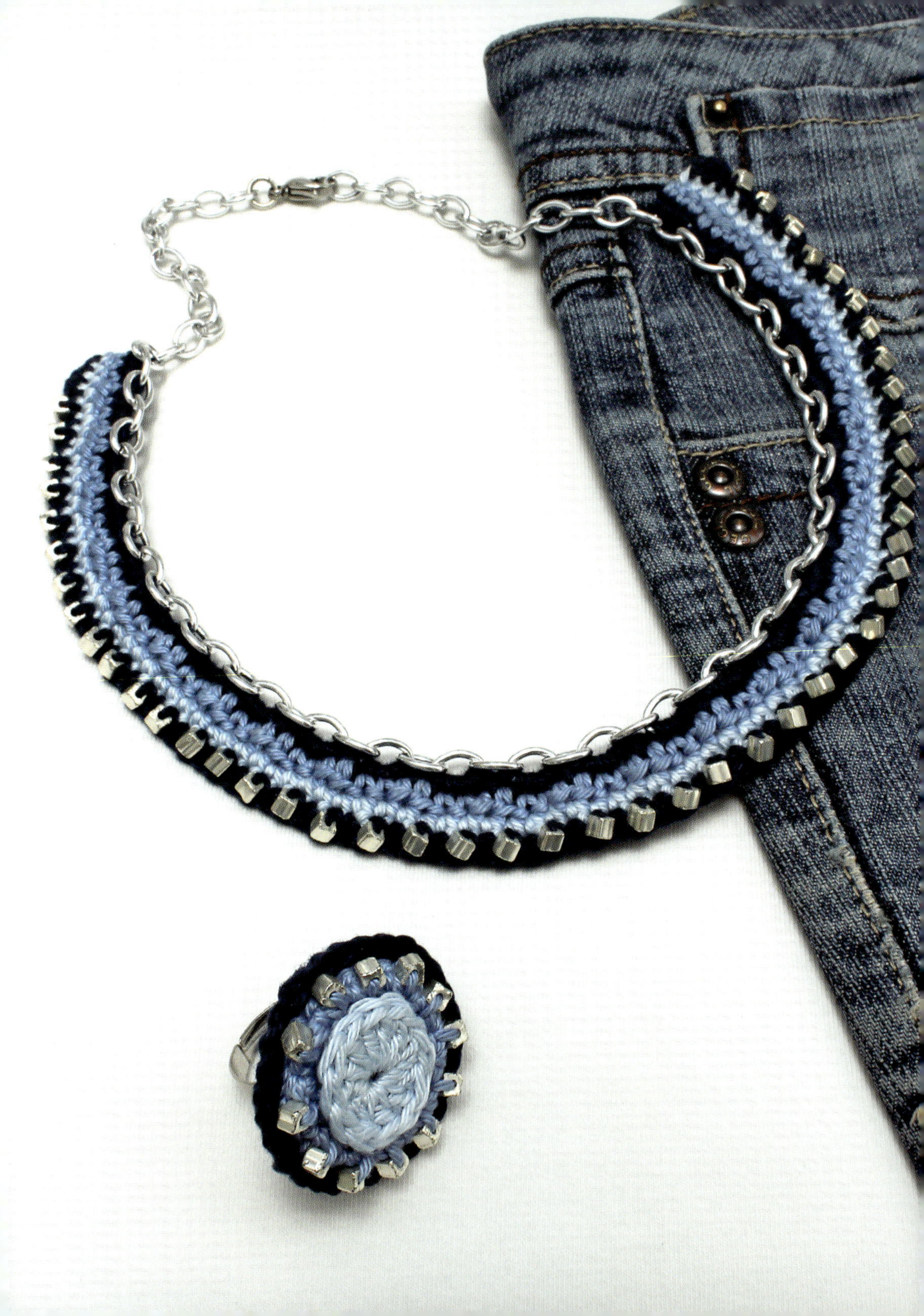

Luna llena

Collar y anillo muy lucidos

TAMAÑO

Collar: 48 cm de largo aprox.
Anillo: 3,5 cm ø aprox.

MATERIALES

COLLAR

* Schachenmayr original Catania en azul marino (c. 124), azul claro (c. 173) y Regatta (c. 261), 50 g de cada una
* 47 dados metálicos plateados, de 3,4 x 3,4 mm
* Cadena tipo ancla plateada (cada eslabón de la cadena mide 6 x 9 mm), de 47 cm de largo
* Cierre de mosquetón plateado, de 1,4 cm de largo
* Ganchillo, de 2,5 mm
* Aguja de coser

ANILLO

* Schachenmayr original Catania en azul marino (c. 124), Regatta (c. 261) y azul claro (c. 173), restos
* 12 dados metálicos plateados, de 3,4 x 3,4 mm
* Aro de anillo plateado con superficie para pegar (1,7 cm ø)
* Hilo de nailon
* Pegamento para bisutería
* Ganchillo, de 2,5 mm
* Aguja de coser

Collar

Dejar sin tejer 8 cm al comienzo y al final de la cadena.

1.ª pas.: hacer una lazada inicial en c. azul marino, tejer 4 p.b. en cada 2.º eslabón de la cadena. De esta forma se teje un total de 25 eslabones (que corresponde a los 31 cm centrales de la cadena) (= 100 p.).

2.ª pas.: tejer en c. Regatta 1 p.a.-giro y 3 p.b. * Tejer 2 m.bas. y 2 p.b., a partir de * rep. 23x. Terminar la pas. con 1 p.b. (= 100 p.).

3.ª pas.: tejer en c. azul claro 1 p.a.-giro y 100 p.b.

4.ª pas.: en el hilo c. azul marino enfilar 47 dados metálicos (ver Cómo se hace). Tejer 1 p.a.-giro y 3 p.b. * Tejer el sig. p.b. junto con 1 cuenta (ver Cómo se hace), 1 p.b., a partir de * rep. 46x. Terminar la pas. con 3 p.b. (= 100 p.).

Terminación

Rematar todos los hilos. Colgar el cierre con la anilla en un extremo de la cadena.

Anillo

El anillo está compuesto por 3 círculos tejidos por separado.

Para el círculo grande tejer una lazada en c. azul marino (ver Cómo se hace) y 1 p.a.

1.ª v.: tejer 6 p.b. en el anillo de cadeneta y cerrar con 1 p.cad. para formar un anillo (= 6 p.b.). Todas las v. sig. comienzan siempre con 1 p.a. y se cierran con 1 p.cad.

2.ª v.: en cada p. trabajar 2 p.b. (= 12 p.b.).

3.ª v.: en cada 2.º p. trabajar 2 p.b. (= 18 p.b.).

4.ª v.: en cada 3.er p. trabajar 2 p.b. (= 24 p.b.).

5.ª v.: en cada 4.º p. trabajar 2 p.b. (= 30 p.b.).

Para el círculo mediano, enfilar primero 12 dados metálicos con el hilo c. Regatta (ver Cómo se hace). A continuación, tejer el comienzo y de la 1.ª a la 4.ª v. tal como se ha descrito antes, pero en la 4.ª v. incorporar en cada 2.º p. un dado metálico (ver Cómo se hace).

Hacer un anillo de cadeneta para el círculo pequeño en c. azul claro y tejer 3 p.a. A continuación, tejer 11 bas. en el anillo de cadeneta.

Terminación

Rematar todos los hilos. Colocar los 3 círculos superpuestos según el tamaño y coserlos juntos con el hilo de nailon. A continuación, pegarlos al anillo con pegamento para bisutería.

Pequeñas sorpresas

Pulseras para brazos y tobillos

TAMAÑO
56 cm de largo aprox.

MATERIALES

* Anchor hilo para ganchillo Aida 10 (265 m/50 g) en naranja (c. 1003), palo rosa (c. 968), rojo (c. 9046), verde claro (c. 259) y azul (c. 148), 50 g de cada una
* Ganchillo, de 1,5 mm
* Aguja de coser

Instrucciones

El comienzo y el final de las 5 pulseras se realiza igual. Trabajar primero el comienzo 1x, a continuación el motivo elegido y 1x el final.

Comienzo (vale para todas las pulseras)

Hacer un anillo de cadeneta (ver Cómo se hace) y tejer 3 p.a. Tejer 12 bas. en el anillo de cadeneta y cerrar la v. con 1 p.cad. en el p.a. superior. Tejer 25 p.a.

Motivo círculo

* A partir del 3.er p.a. desde el ganchillo tejer 5 bas., dejar 2 p.a. de la cadeneta-p.a. y tejer 1 p.cad. en el sig. p.a. Tejer nuevamente 5 bas. en el mismo p.a. que el anterior bas. Cerrar la v. con 1 p.cad. en el 1.er bas. Tejer 16 p.a., a partir de * rep. 12x.

Motivo flor

* Para el 1.er pétalo tejer, en el 4.º p.a. desde el ganchillo, 1 bas., 2 p.a. y 1 p.cad. Los restantes bas. y p.b. también se trabajan en este p.a., excepto si se indica otra cosa.
Para el 2.º pétalo tejer 2 p.a., 1 bas., 2 p.a. y 1 p.cad.
Para el 3.er pétalo tejer 2 p.a., dejar 3 p.a. de la cadeneta-p.a. y tejer 1 p.cad. en el sig. p.a. Tejer 2 p.a. y 1 p.cad.
El 4.º y 5.º pétalos se trabajan como el 2.º pétalo. Tejer 16 p.a., a partir de * rep. 12x.

Motivo corazón

* Tejer 5 bas. en el 4.º p.a. desde el ganchillo. Dejar 2 p.a. de la cadeneta-p.a. y tejer 1 p.cad. en el sig. p.a. Tejer 2 p.a. y 1 p.cad. en el 2.º p.a. desde el ganchillo. Trabajar 5 bas., 2 p.a. y 1 p.cad. en el mismo p.a. que el ant. bas. A continuación, tejer 16 p.a., a partir de * rep. 12x.

Motivo pez

3 p.a., * en el 2.º p. desde el ganchillo tejer 1 m.bas., en los 6 p. sig. de la cadeneta-p.a. tejer como sigue: 1 bas., 1 bas.d., 1 bas., 1 m.bas., 1 p.b. y 1 p.cad. Para la aleta, tejer primero 4 p.a. En el 2.º p. desde el ganchillo tejer 1 p.cad. En los 2 p. sig. tejer 1 p.b. y 1 m.bas. Tejer 1 p.cad. en el lugar donde se ha pinchado del 1.er p.cad. Rep. lo mismo 1x para la 2.ª mitad de la aleta. A continuación, para la 2.ª mitad del cuerpo, en la parte inferior de la cadeneta-p.a trabajar como sigue: 1 p.b., 1 m.bas., 1 bas., 1 bas.d., 1 bas., 1 m.bas., 1 p.cad., en el 1.er m.bas. tejer 23 p.a., a partir de * rep. 9x.

Motivo semillas

Tejer 2 p.a., * en el 5.º p. desde el ganchillo tejer 1 p. de ramillete compuesto por 5 bas. tejidos j. (ver Cómo se hace), 10 p.a., a partir de * rep. 20x.

Final (vale para todas las pulseras)

26 p.a., en el 10.º p.a. desde el ganchillo tejer 1 p.cad. Seguir con 1 p.a., girar y tejer 13 p.b. en el anillo-p.a. Cerrar el anillo con 1 p.cad.

Consejo

Alternativa: Como alternativa se pueden también utilizar dos y más motivos dentro de una pulsera, como por ejemplo alternar círculo y pez.

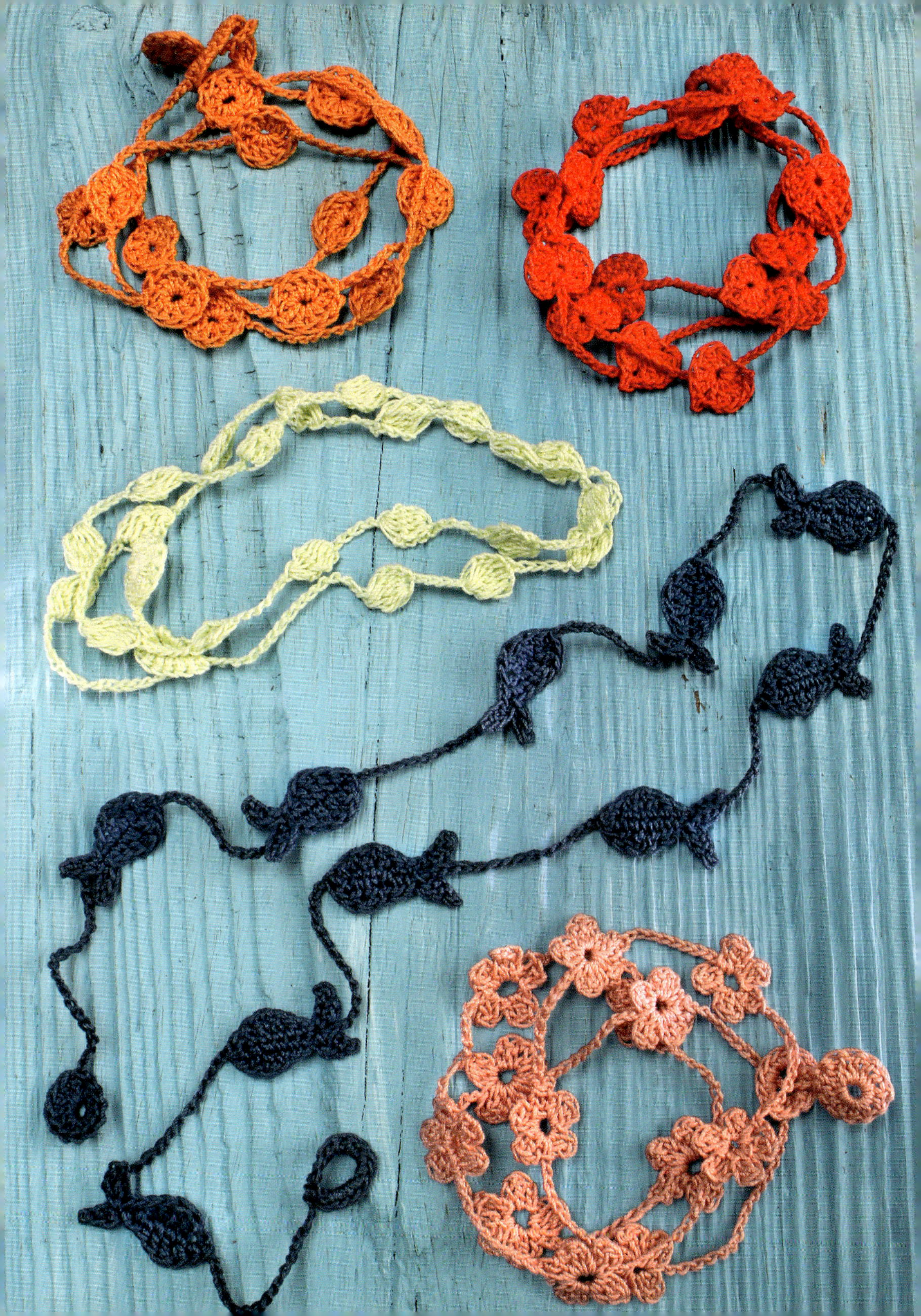

Esta muestra con su *look* hippie queda estupenda en el pelo

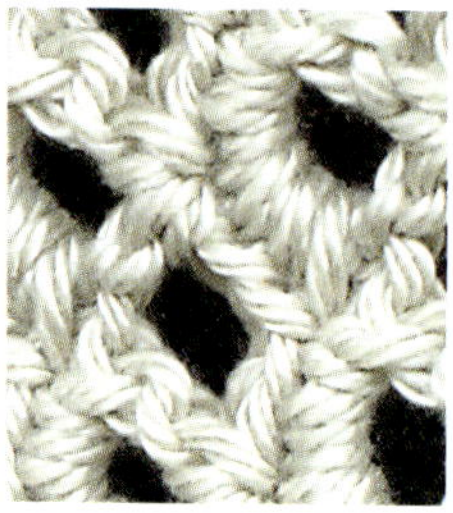
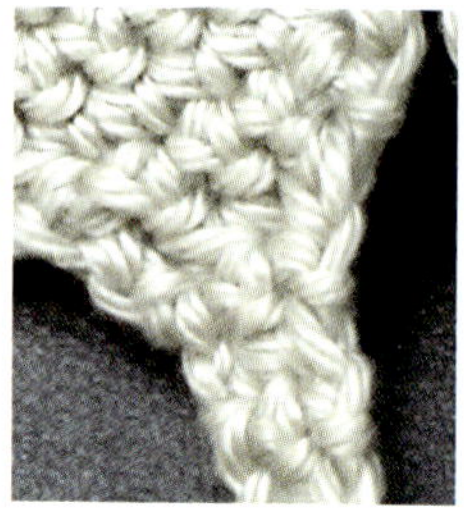
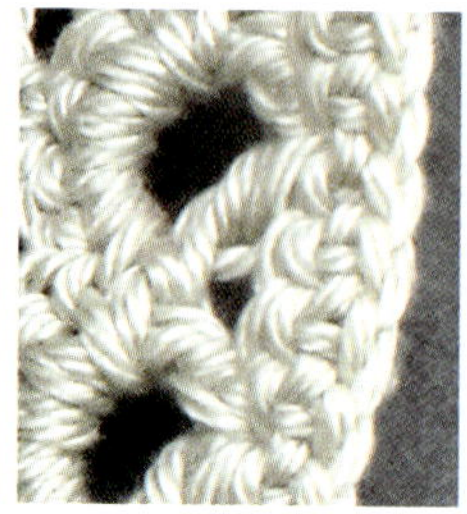

Fina discreción

Cinta para el pelo

TAMAÑO
48 x 5,5 cm

MATERIALES

* Schachenmayr original Catania (125 m/50 g) en lino (c. 248), 50 g
* Ganchillo, de 2,5 mm
* Aguja de coser

Instrucciones

Montar 128 p.a.+1 p.a.-giro.
1.ª pas.: 1 p.b. en el 2.º p. desde el ganchillo, en cada p. de la pas. ant. tejer 1 p.b., 2 p.a.-giro.
2.ª pas.: saltar 2 p. de la pas. ant., en el 3.er p. tejer 1 bas., 3 p.a. y 1 bas. * Saltar 3 p. de la pas. ant., en el 4.º p. tejer 1 bas., 3 p.a. y 1 bas., a partir de * rep. siempre, 1 p.a.-giro.
3.ª pas.: tejer 5 p.b. en cada arco-p.a., 2 p.a.-giro.
4.ª pas.: saltar 2 p. de la pas. ant., en el 3.er p. tejer 1 bas., 3 p.a. y 1 bas. * Saltar 4 p. de la pas. ant., en el 5.º p. tejer 1 bas., 3 p.a. y 1 bas., a partir de * rep. siempre.
5.ª pas.: trabajar como la 3.ª pas.
6.ª pas.: trabajar como la 4.ª pas.
7.ª pas.: trabajar como la 3.ª pas.
8.ª pas.: 2 p.a.-giro, saltar 2 p. de la pas. ant., en el 3.er p. tejer 1 bas., 2 p.a. y 1 bas.* Saltar 4 p. de la pas. ant., en el 5.º p. tejer 1 bas., 2 p.a. y 1 bas., a partir de * rep. siempre.
9.ª pas.: 1 p.a.-giro, * 2 p.b. en el arco-p.a., 2 p.b. en los 2 bas. de la pas. ant., a partir de * rep. siempre.

Las tiras para atar la cinta se tejen en ella con p.b. de la sig. forma:
1.ª pas.: comenzar en una esquina y tejer en el borde corto 16 p.b.
2.ª pas.: 1 p.a.-giro, tejer j. el 1.er y 2.º p., 12 p.b., tejer j. los p. 15.º+16.º (= 14 p.b.).
3.ª pas.: 1 p.a.-giro, tejer j. el 1.er y 2.º p., 10 p.b., tejer j. los p. 13.º+14.º (= 12 p.b.).
4.ª pas.: 1 p.a.-giro, tejer j. el 1.er y 2.º p., 8 p.b., tejer j. los p. 11.º+12.º (= 10 p.b.).
5.ª pas.: 1 p.a.-giro, tejer j. el 1.er y 2.º p., 6 p.b., tejer j. los p. 9.º+10.º (= 8 p.b.).
6.ª pas.: 1 p.a.-giro, tejer j. los p. 1.º y 2.º, 4 p.b., tejer j. los p. 7.º+8.º (= 6 p.b.).
7.ª pas.: 1 p.a.-giro, tejer j. los p. 1.º y 2.º, 2 p.b., tejer j. los p. 5.º+6.º (= 4 p.b.).
8.ª pas.: 1 p.a.-giro, tejer j. los p. 1.º y 2.º así como los p. 3.º+4.º (= 2 p.b.).
9.ª-54.ª pas.: 1 p.a.-giro, 2 p.b.
Trabajar de igual forma la tira para atar del lado contrario.

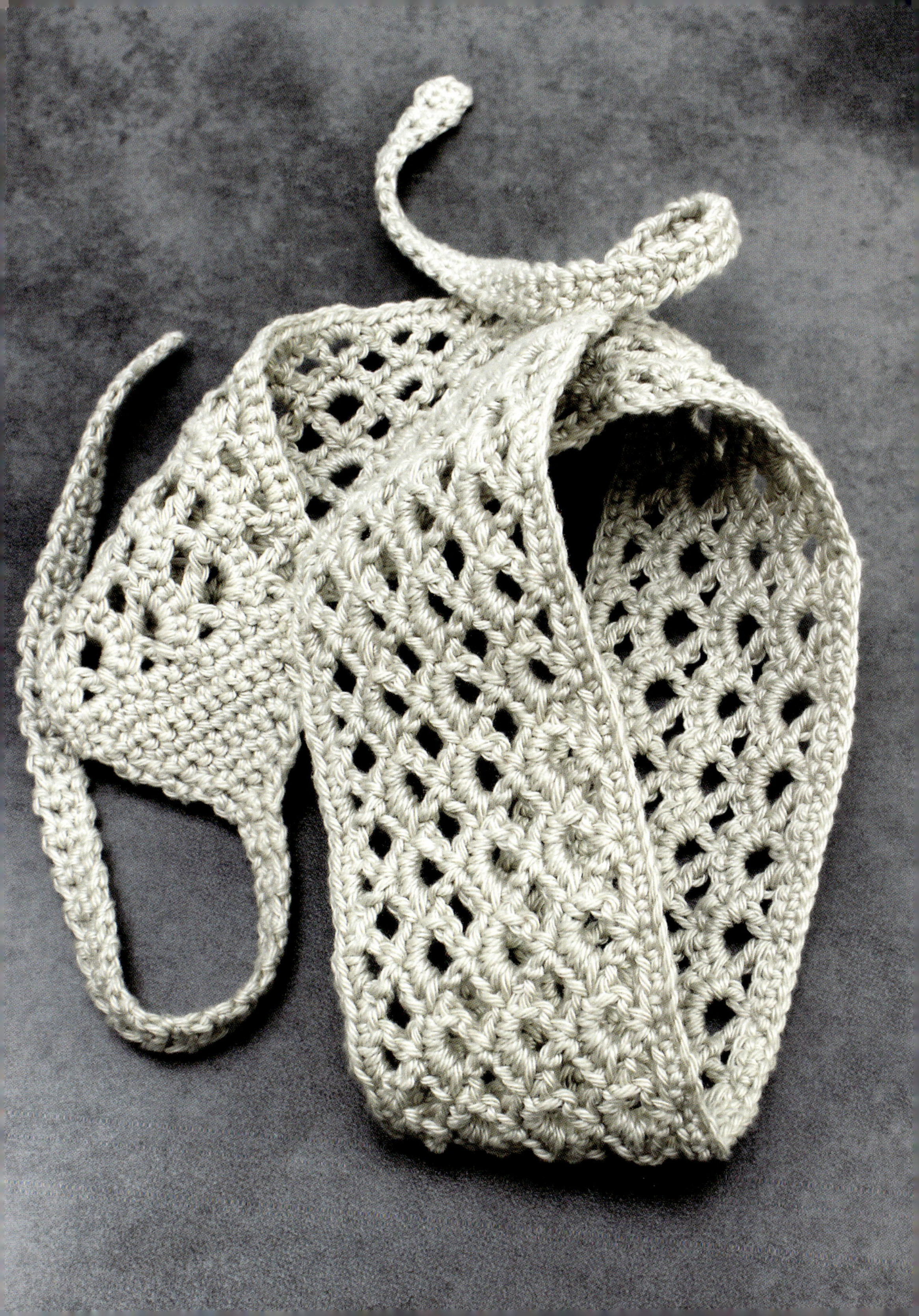

Editora: Eva Domingo
Traducción: María Soria
Revisión técnica: Esperanza González

Publicado por primera vez en Alemania por Frech-Verlag GmbH, bajo el título: *Gehäkelte Schmuckstücke* de Elke Eder.

Fotografías: frechverlag GmbH, 70499 Stuttgart; lichtpunkt, Michael Ruder, Stuttgart (cubierta); retrato, Sarah Schütz, Eichenau (p. 32); Elke Eder (todas las demás)

ISBN: 978-84-9874-463-7
Depósito legal: M-3.051-2015
Impreso en España por Sagrafic, S.L. Plza. Urquinaona, 14, 08010 Barcelona

Estamos a tu disposición si tienes alguna pregunta relacionada con la autora, las instrucciones o los materiales. Además nos interesa conocer tus ideas o sugerencias. Contáctanos. **¡Estaremos encantados de saber de ti!** Tu editorial EL DRAC

57015-6921

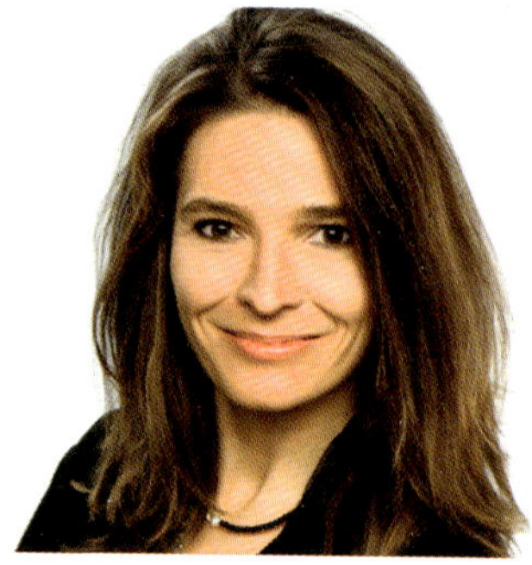

Elke Eder vive con su marido y sus dos hijos cerca de Munich. Tras estudiar Administración de empresas y especializarse en Planificación de medios, trabajó en el diseño de páginas web y multimedia. Ya de niña le fascinaban los colores y las formas, así como la posibilidad de crear unos objetos maravillosos con los materiales más diversos. Además de a las manualidades, se ha dedicado a la pintura y al dibujo. Después, el trabajar con plata y la realización de joyas fueron su compensación frente al prosaico trabajo en la administración de empresas. En esta misma editorial ha publicado: *Pulseras juveniles de macramé y cuentas*, *Pulseras de la amistad de estilo étnico anudadas con cuentas y abalorios*, *Nuevas pulseras juveniles de macramé y cuentas* y *Diseños juveniles de bisutería con telas*.

Agradecimientos

Agradecemos su colaboración en este libro a las empresas: Coats GmbH, Kenzingen, www.coatsgmbh.de; Pracht Creatives Hobby GmbH, Kaufbeuren, www.prachthobby.de; Efco GmbH, Rohrbach, www.efco.de